Johann Szierbeck
Anton Ochsenkühn

iCloud

amac
BUCH VERLAG

iCloud

ISBN 978-3-940285-72-0

2. Auflage Februar 2012

Konzeption/Koordination:	amac-buch Verlag
Layout und Cover:	Simone Ochsenkühn, Obergriesbach
Satz:	Johann Szierbeck, Aichach
Lektorat und Korrektorat:	Kreativstudio Gaugigl, Aichach
Druck und Bindung:	Eitzenberger – Media Druck & Logistik, Augsburg

Trotz sorgfältigen Lektorats schleichen sich manchmal Fehler ein. Autoren und Verlag sind Ihnen dankbar für Anregungen und Hinweise!

amac-buch Verlag
Erlenweg 6
D-86573 Obergriesbach
E-Mail: info@amac-buch.de
http://www.amac-buch.de
Telefon 0 82 51 /82 71 37
Telefax 0 82 51 /82 71 38

Inhalt

Kapitel 1 – Apple-ID 8

Kapitel 2 – iCloud 42

Vorwort

Clever gemacht ...

... neben iOS 5 hat Apple am 12. Oktober 2011 zudem iCloud an den Start gebracht. Mit nur wenigen Klicks kann jeder Anwender nun seine Daten der mobilen Apple-Endgeräte wie iPhone oder iPad untereinander oder auch mit dem Computer abgleichen. Dabei ist es völlig unerheblich, ob es sich um einen Mac- oder einen Windows-PC handelt.

Notwendig hierfür ist der Einsatz einer sogenannten Apple-ID. Über diese können nicht nur Einkäufe in den Stores für Musik, Filme, Bücher etc. (AppStore, iBookStore usw.) getätigt werden. Apple kreiert ständig neue Dienste, die eine Apple-ID voraussetzen, dem Anwender aber jede Menge Zusatznutzen bieten. Neben FaceTime oder iMessage ist dies vor allem der kostenfreie Dienst iCloud.

Ist die Einrichtung erfolgreich vollzogen, läuft der Datenabgleich über die Apple-Wolke vollautomatisch ab. Schießen Sie beispielsweise mit der iPhone-Kamera ein Foto, so wird dieses sogleich in die Datenwolke kopiert und steht dann am Computer oder auf einem iPad in Sekundenschnelle zur Verfügung. Ganz einfach!

Genauso rasch und zuverlässig klappt die Datensynchronisation auch mit Kalender-, Kontakt- und Lesezeichendaten etc.

iCloud macht also richtig Spaß. Apples Wolke ist sehr einfach einzurichten, funktioniert zuverlässig und hält verschiedene Geräte immer up to date.

Und das Beste: iCloud ist kostenlos, sofern weniger als fünf GByte Daten benötigt werden. Darüber hinaus gibt es preisgünstige Upgrades.

In diesem Buch zeigen wir Ihnen, wie einfach Sie eine Apple-ID erstellen und konfigurieren können und wie Sie dann den iCloud-Dienst aktivieren und dessen vielfältige Funktionen an den verschiedenen Geräten nutzen können.

Für den Dateiaustausch zwischen mobilem Apple-Gerät und einem Computer empfehlen wir die kostenfreie Lösung Dropbox, die wir ebenfalls in diesem Buch beschreiben. Und zu guter Letzt erfahren Anwender, die bislang Apples MobileMe im Einsatz hatten, wie der Umzug zu iCloud gelingt.

So bleibt uns nur noch übrig, Ihnen viel Freude beim Ausprobieren zu wünschen.

Johann Szierbeck

Anton Ochsenkühn

Februar 2011

Apple-ID

Apple-ID

Jeder, der schon einmal etwas online bei Apple erworben hat, kennt, die Apple-ID. Die meisten Anwender verwenden Sie nur, um bei Apple etwas zu kaufen, aber mit ihr kann man noch viel mehr machen. Sie wird beim Gebrauch von Apple-Geräten bei sehr vielen Gelegenheiten eingesetzt bzw. ist bei einigen Funktionen sogar dringend erforderlich. Aus diesem Grund wollen wir Ihnen in diesem Kapitel den Umgang mit der Apple-ID etwas näherbringen.

- **Wer bereits mehrere Apple-IDs besitzt, hat derzeit leider keine Möglichkeit, diese zu einer einzigen zu konsolidieren (Stand: Oktober 2011). Aber Apple ist sich des Problems und der Notwendigkeit einer Änderung bewußt und arbeitet bereits an einer Lösung.**

Was ist eine Apple-ID?

Wie der Name schon vermuten lässt, ist eine Apple-ID ein Identifikationsschlüssel, der dem Inhaber die Kommunikation mit den unterschiedlichen Diensten von Apple erleichtert. Anstatt bei jedem Einkauf im App oder iTunes Store immer wieder seine persönlichen Daten wie Name, Adresse und Kreditkarte anzugeben, reicht die Angabe der Apple-ID. Dadurch weiß Apple, wer den Einkauf tätigt, an welche Adresse das gekaufte Produkt geschickt werden muss und über welche Kreditkarte abgerechnet wird. Der Einkauf ist aber nur ein Aspekt für den Einsatz der Apple-ID. Mit ihr kann noch einiges mehr gemacht werden.

Wofür kann die Apple-ID verwendet werden?

Am häufigsten wird die Apple-ID im App Store, Mac App Store, iTunes Store, iBooks Store oder Apple Store verwendet, also kurz gesagt für den Einkauf bei Apple. Dafür ist die Apple-ID sogar zwingend erforderlich. Im Zusammenhang mit mobilen Geräten wie dem iPhone oder iPad wird die Apple-ID noch anderweitig eingesetzt, dazu gehören der kostenlose iCloud-Dienst von Apple, Face Time und iMessage.

- **Auch die Macs profitieren von einer Apple-ID. Mithilfe einer Apple-ID können Sie im Anmeldedialog des Rechners Ihr Kennwort zurücksetzen lassen oder mit FaceTime einen Videochat durchführen. Auch der Netzwerkzugriff auf den eigenen Rechner kann über eine Apple-ID erfolgen.**

Sie sehen also, die Apple-ID bietet einige Vorteile, und da sie kostenlos ist, steht dem Einrichten einer Apple-ID nichts mehr im Wege.

Apple-ID erstellen bzw. einrichten

Eine Apple-ID kann auf vielfache Weise erstellt werden. Sie können eine neue Apple-ID auf dem iPhone, iPad, iPod touch oder in iTunes, dem Apple Store oder Mac App Store auf dem Rechner erstellen. Dabei ist die Vorgehensweise immer gleich. Wir wollen Ihnen anhand von iTunes und iPhone zeigen, wie Sie eine Apple-ID erstellen.

Voraussetzungen

Die Mindestvoraussetzung, die Sie beim Erstellen einen neuen Apple-ID erfüllen müssen, ist der Besitz einer gültigen E-Mail-Adresse. Diese wird nicht nur gebraucht, damit Ihnen Apple die Rechnungen für die diversen Einkäufe zuschicken kann, sondern sie ist auch gleichzeitig der Name der Apple-ID. Wenn Sie also z. B. beim Einrichten die E-Mail-Adresse *josef.maier@maier.de* angeben, wird diese E-Mail-Adresse als Apple-ID definiert. Für zukünftige Anmeldungen in den diversen Online-Stores von Apple müssen Sie dann diese E-Mail-Adresse verwenden.

Für den Einkauf im Apple Store und bei iTunes benötigen Sie zusätzlich noch eine Kreditkarte oder einen Gutscheincode. Gutscheincodes können z. B. in diversen Elektronikmärkten wie Media Markt oder Saturn gekauft werden oder Sie lassen sich zum Geburtstag einen Gutschein für den iTunes Store von Ihren Lieben schenken.

Haben Sie die beiden Voraussetzungen (E-Mail-Adresse, Kreditkarte oder Gutscheincode) erfüllt, können Sie damit beginnen, die Apple-ID einzurichten.

Apple-ID in iTunes erstellen

Ein Weg, um eine Apple-ID einzurichten, ist das Programm iTunes, dass es sowohl für Mac als auch für Windows gibt. Wenn Sie iTunes starten, finden Sie im Menü *Store* die Funktion *Account erstellen*. Damit werden Sie automatisch zum iTunes Store geleitet und es wird eine Schritt-für-Schritt-Anleitung angezeigt, die Ihnen beim Einrichten der Apple-ID behilflich ist.

Im Menü „Store“ von iTunes können ein neuer Account und damit eine Apple-ID erstellt werden.

Zuerst müssen Sie die AGBs von Apple akzeptieren, bevor Sie in das Fenster mit der Eingabemaske für die Apple-ID gelangen. Dort geben Sie im Feld *E-Mail* nun eine gültige E-Mail-Adresse ein, die dann auch als Apple-ID verwendet wird. Danach müssen Sie noch ein Kennwort für die Apple-ID definieren. Das Kennwort muss mindestens acht Zeichen lang sein, eine Ziffer und einen Groß- und einen Kleinbuchstaben enthalten, ansonsten wird es von Apple nicht akzeptiert.

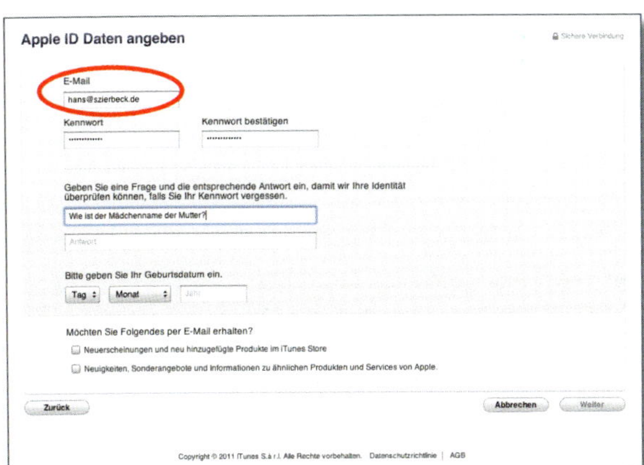

Die E-Mail-Adresse wird als Apple-ID verwendet.

Erst wenn die restlichen Felder für die Überprüfung der Identität beim Vergessen des Kenworts und das Geburtsdatum eingegeben sind, können Sie auf die Schaltfläche *Weiter* klicken, um zur nächsten Eingabemaske zu gelangen. Dort müssen Sie im oberen Bereich die Daten für die Kreditkarte bzw. den Gutscheincode hinterlegen. Im unteren Bereich werden die persönlichen Daten für die Rechnungsanschrift eingegeben.

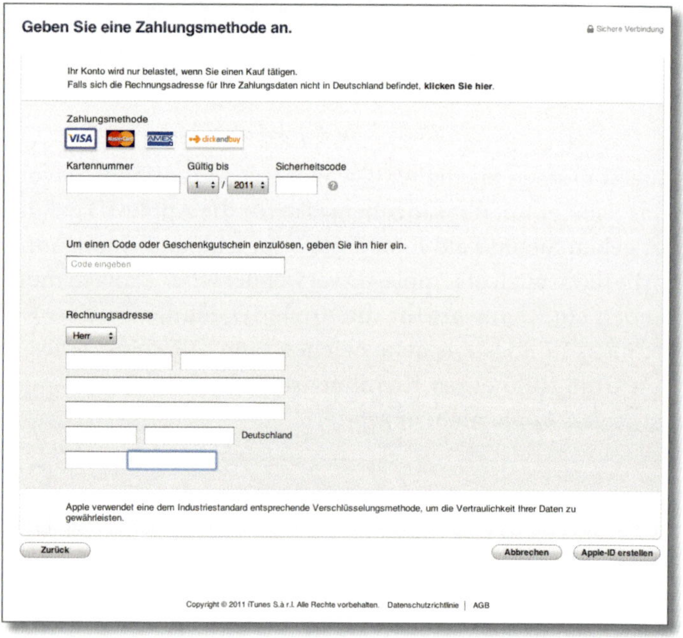

Die Eingabemaske für die Zahlungsart und die persönlichen Daten.

- **Besonders interessant ist die Bezahlmethode click and buy. Click and buy ist ein Internet-Bezahldienst, ähnlich wie PayPal. Wenn Sie sich bei click and buy registrieren, dann haben Sie auch die Möglichkeit, die Rechnungsbeträge per Überweisung bzw. Lastschrift von Ihrem Konto abbuchen zu lassen. Sie können direkt aus iTunes heraus**

einen Zugang einrichten. Klicken Sie nur auf das click and buy-Logo und Sie werden automatisch zur entsprechenden Internetseite für die Registrierung weitergeleitet.

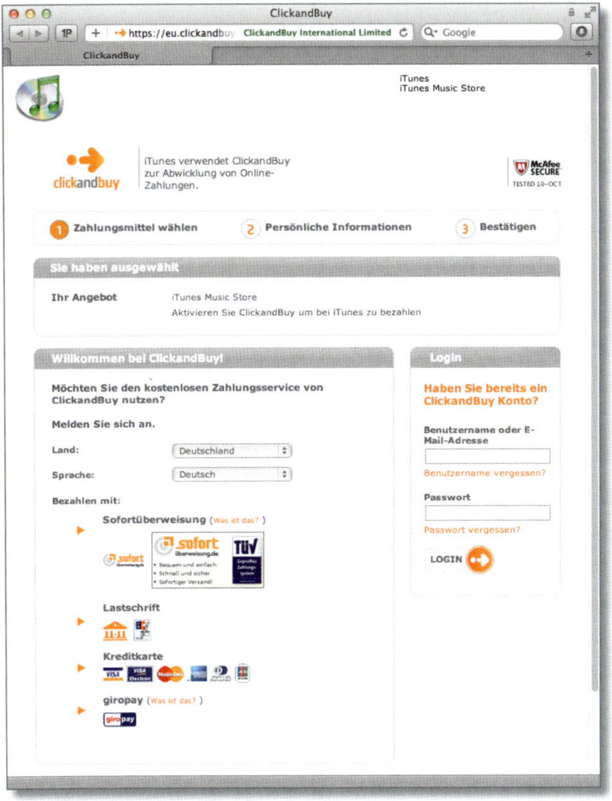

„click and buy" stellt viele Zahlungsarten zur Verfügung.

Haben Sie alles korrekt eingetippt, können Sie auf die Schaltfläche *Apple-ID erstellen* rechts unten klicken. Dadurch wird nun bei Apple ein neues Benutzerkonto eingerichtet. Die neue Apple-ID kann aber noch nicht sofort für den Einkauf verwendet werden. Apple hat Ihnen nämlich eine E-Mail gesendet, in der Sie das neue Benutzerkonto erst noch bestätigen müssen. Es könnte ja eventuell ein Fremder mit Ihrer E-Mail-Adresse ein neues Konto einrichten und unberechtigterweise bei Apple einkaufen. Die Bestätigungs-E-Mail ist also eine Absicherung dafür, dass auch die richtige Person das neue Benutzerkonto eingerichtet hat.

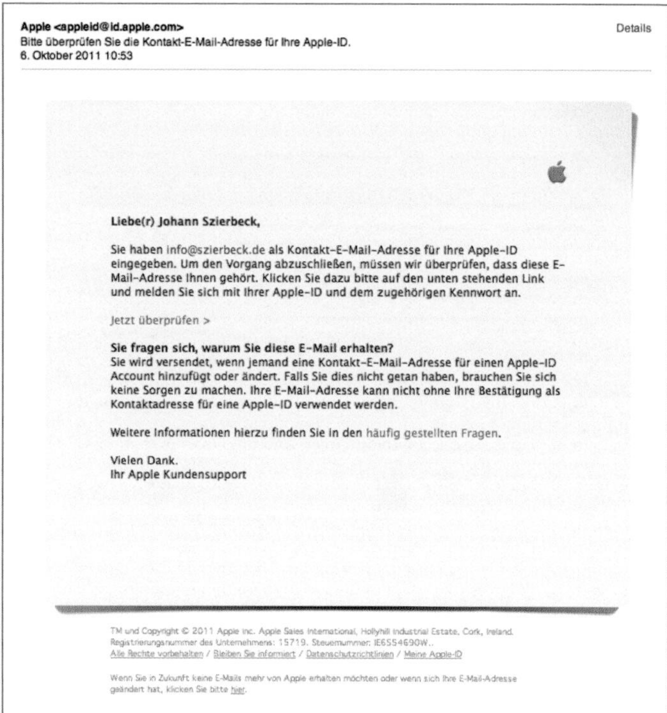

Apple <appleid@id.apple.com> Details
Bitte überprüfen Sie die Kontakt-E-Mail-Adresse für Ihre Apple-ID.
6. Oktober 2011 10:53

Liebe(r) Johann Szierbeck,

Sie haben info@szierbeck.de als Kontakt-E-Mail-Adresse für Ihre Apple-ID eingegeben. Um den Vorgang abzuschließen, müssen wir überprüfen, dass diese E-Mail-Adresse Ihnen gehört. Klicken Sie dazu bitte auf den unten stehenden Link und melden Sie sich mit Ihrer Apple-ID und dem zugehörigen Kennwort an.

Jetzt überprüfen >

Sie fragen sich, warum Sie diese E-Mail erhalten?
Sie wird versendet, wenn jemand eine Kontakt-E-Mail-Adresse für einen Apple-ID Account hinzufügt oder ändert. Falls Sie dies nicht getan haben, brauchen Sie sich keine Sorgen zu machen. Ihre E-Mail-Adresse kann nicht ohne Ihre Bestätigung als Kontaktadresse für eine Apple-ID verwendet werden.

Weitere Informationen hierzu finden Sie in den häufig gestellten Fragen.

Vielen Dank.
Ihr Apple Kundensupport

TM und Copyright © 2011 Apple Inc. Apple Sales International, Hollyhill Industrial Estate, Cork, Ireland. Registrierungsnummer des Unternehmens: 15719. Steuernummer: IE6554690W..
Alle Rechte vorbehalten / Bleiben Sie informiert / Datenschutzrichtlinien / Meine Apple-ID

Wenn Sie in Zukunft keine E-Mails mehr von Apple erhalten möchten oder wenn sich Ihre E-Mail-Adresse geändert hat, klicken Sie bitte hier.

So sieht die Kontroll-E-Mail von Apple aus, wenn Sie ein neues Konto einrichten.

Wenn Sie in der E-Mail auf *Jetzt überprüfen* klicken, werden Sie zu einer Internetseite geleitet, auf der Sie aufgefordert werden, Ihre Apple-ID und das zugehörige Kennwort einzutippen. Ist beides korrekt eingegeben, wird die Apple-ID nun endgültig für die Benutzung freigeschaltet.

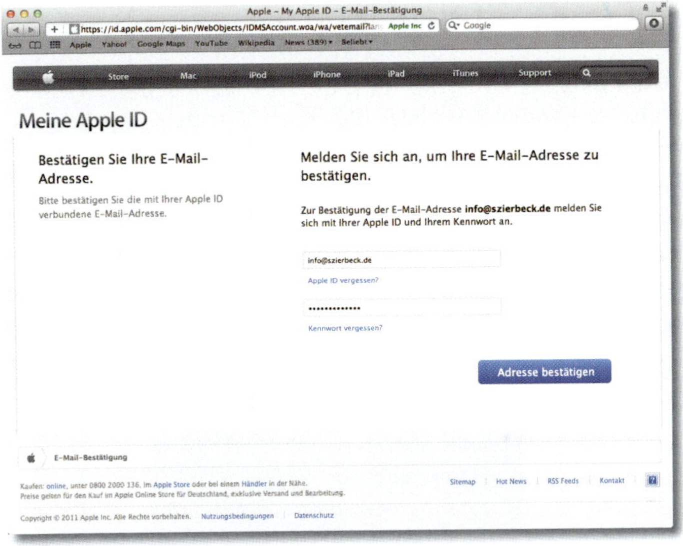

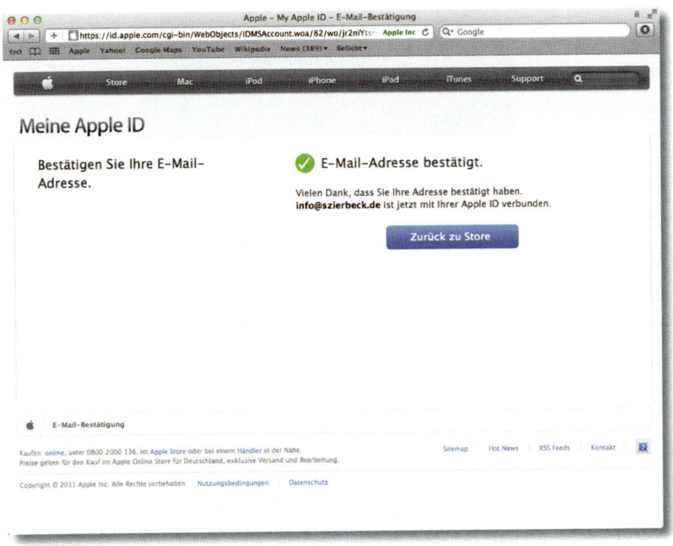

Nachdem die Kontroll-E-Mail von Ihnen bestätigt wurde, ist die Apple-ID freigeschaltet.

Apple-ID auf dem iPhone erstellen

Um auf dem iPhone eine Apple-ID zu erstellen, gibt es mehrere Wege. Sie können entweder den Weg über den App Store, den iTunes Store oder die Einstellungen gehen. Die Vorgehensweise ist dabei immer dieselbe. Wir haben uns für den Weg über die *Einstellungen* entschieden. In den *Einstellungen* bei der Funktion *Store* müssen Sie zuerst auf die Schaltfläche *Anmelden* tippen. Daraufhin werden Sie gefragt, ob Sie sich mit einer bereits vorhandenen Apple-ID anmelden wollen oder ob eine neue Apple-ID erstellt werden soll.

Unter „Einstellungen –> Store" kann eine neue Apple-ID erstellt werden.

Tippen Sie auf *Neue Apple-ID-erstellen* und Sie gelangen zur Länderauswahl. Die verschiedenen Stores von Apple enthalten je nach Land unterschiedliche Angebote. Damit Sie immer zum richtigen Store Ihres Landes geleitet werden, müssen Sie eine Landeseinstellung vornehmen.

Durch die Auswahl des Landes werden Sie immer zum richtigen Store geleitet.

Nach der Länderauswahl werden die AGBs eingeblendet, die Sie bestätigen müssen. Danach erreichen Sie die Eingabemaske für die E-Mail-Adresse, die gleichzeitig auch Ihre Apple-ID sein wird. Tippen Sie eine gültige E-Mail-Adresse und ein Kennwort ein, das für die Apple-ID verwendet werden soll. Etwas weiter unten wird dann noch die Angabe Ihres Geburtsdatums notwendig.

Für die Apple-ID wird eine E-Mail-Adresse benötigt, die später als Apple-ID verwendet wird.

Im nächsten Screen müssen Sie nun Angaben zur Zahlungsmethode machen bzw. Ihre Kreditkartendaten eingeben. Etwas weiter unten auf dem Display finden Sie die Eingabefelder für die Rechnungsadresse. Sind alle Angaben gemacht und bestätigt, erhalten Sie von Apple eine Kontroll-E-Mail, mit der Sie die neue Apple-ID noch verifizieren müssen (siehe Abschnitt „iTunes“ weiter vorne). Nachdem Sie die Kontroll-E-Mail von Apple bestätigt haben, ist die Apple-ID freigeschaltet und in den *Einstellungen* von Ihrem iPhone eingetragen. Sie können also gleich beginnen, in den diversen Apple Stores einzukaufen.

Apple-ID verwenden

Wenn Sie eine Apple-ID besitzen, dann haben Sie auch die Eintrittskarte für die unterschiedlichen Kaufangebote und Dienste von Apple. Da Apple einige unterschiedliche Online-Stores und Dienste anbietet, wollen wir Ihnen nun zeigen, wo die Apple-ID bei den verschiedenen Stores bzw. Diensten eingesetzt wird. Beginnen wollen wir mit den mobilen Geräten.

iPhone/iPad/iPod touch

Auf den mobilen Geräten von Apple wird die Apple-ID am häufigsten benötigt, da es auf diesen Geräten die meisten Online-Stores von Apple gibt. Folgende Stores und Dienste benötigen auf dem iPhone, iPad oder iPod touch eine Apple-ID:

- App Store,
- iTunes Store,
- iBooks Store,
- FaceTime,
- iMessage (nur iOS 5),
- iCloud (nur iOS 5).

App Store, iTunes Store und iBooks Store

Für die drei Stores gibt es eine zentrale Einstellung für die Angabe der Apple-ID. In den *Einstellungen* bei *Store* muss die Apple-ID eingetragen werden. Nachdem Sie die Apple-ID und das zugehörige Kennwort angegeben haben, können Sie in den drei Stores einkaufen.

In den Einstellungen wird die Apple-ID zentral für die unterschiedlichen Stores hinterlegt.

- **Obwohl der App Store und der iBooks Store auch kostenlose Produkte anbieten, wird zum Download eine Apple-ID benötigt. Selbst wenn Sie nichts kaufen, sondern nur die kostenlosen Angebote nutzen wollen, kommen Sie um eine Apple-ID nicht herum.**

Falls Sie beim Erstellen der Apple-ID einen Gutscheincode verwendet haben, können Sie in den drei Stores das Guthaben auf dem Gutschein kontrollieren. Jeder der drei Stores hat im Bereich *Highlights* (App Store und iTunes Store) bzw. *Im Spotlight* (iBooks Store) im unteren Bereich eine Anzeige über die aktuelle Apple-ID und deren Guthaben. Sie haben also volle Kontrolle über das Guthaben des eingelösten Gutscheins.

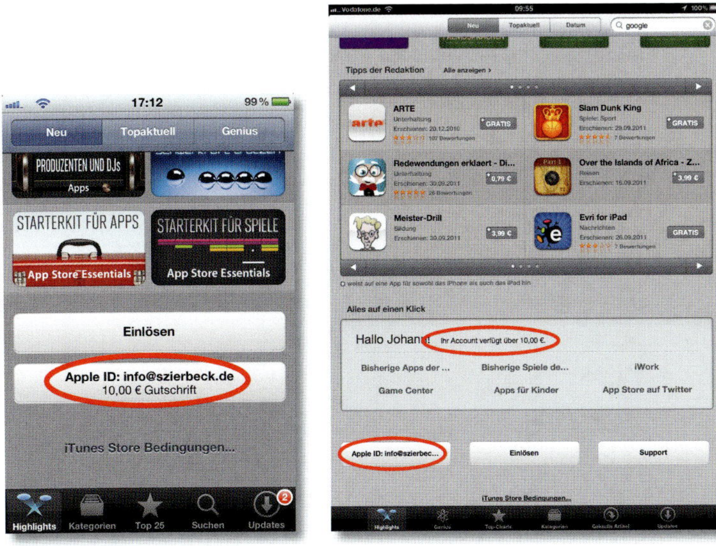

Das aktuelle Guthaben wird in den jeweiligen Stores angezeigt, links auf dem iPhone und rechts auf dem iPad.

FaceTime

FaceTime ist ein Dienst von Apple, mit dessen Hilfe Sie Videochats bzw. -Telefonate führen können. Und dafür benötigen Sie eine gültige Apple-ID. FaceTime gibt es seit iOS 4 ab dem iPhone 4 und ab dem iPad 2.

Um FaceTime nutzen zu können, müssen Sie bei den *Einstellungen* unter *FaceTime* Ihre Apple-ID angeben. Zuerst müssen Sie FaceTime einschalten und anschließend auf *Ihre Apple-ID für FaceTime* tippen. Wenn Sie daraufhin Ihre Apple-ID und das zugehörige Kennwort eingeben, ist der FaceTime-Dienst aktiviert bzw. freigeschaltet. Nun können Sie mit anderen Teilnehmern einen Videochat führen. Natürlich muss Ihr Gegenüber auch ein iPhone 4 bzw. iPad 2 oder einen Mac mit einer gültigen Apple-ID besitzen.

Für die Nutzung von FaceTime wird eine Apple-ID benötigt.

iMessage

iMessage ist eine neue Funktion von iOS 5. Mit diesem Dienst können Sie kostenlose Nachrichten (SMS bzw. MMS) über das Internet verschicken. Anstatt den SMS-Dienst des Providers zu nutzen, der ja nicht kostenlos ist, wird mit iMessage die Nachricht übers Internet auf das Zielgerät verschickt. Voraussetzung dafür ist nur, das der Sender und der Empfänger über eine gültige Apple-ID verfügen.

Um iMessage zu nutzen, müssen Sie in den *Einstellungen* zu *Nachrichten* gehen. Dort finden Sie einen Regler zum Aktivieren des Dienstes. iMessage verwendet automatisch die Apple-ID, die auch für die Stores verwendet wird. Diese wird dann auch nach der vollständigen Aktivierung angezeigt.

Auch der neue Nachrichtendienst „iMessage" benötigt eine Apple-ID.

Nach der Aktivierung können Sie mit der App *Nachrichten* auf dem iPad oder iPhone eine iMessage an einen Teilnehmer schicken, der diesen Dienst auch aktiviert hat. Eine iMessage ist beim Erstellen einer Nachricht, an der blauen Farbe zu erkennen.

Eine iMessage erkennt man an der blauen Farbe (links), im Gegensatz zu einer normalen SMS (rechts), die mit grüner Farbe dargestellt wird.

iCloud

iCloud ist ein weiterer kostenloser Dienst von Apple, der seit iOS 5 angeboten wird und eine Apple-ID benötigt. Wie man iCloud einrichtet bzw. wo man die Apple-ID angeben muss, können Sie in Kapitel 2 nachlesen.

Mac

Die mobilen Geräte von Apple sind nicht die einzigen Nutznießer einer Apple-ID. Auch der Mac profitiert von einer Apple-ID, denn auch auf ihm lassen sich Einkäufe tätigen bzw. einige kostenlose Apple-Dienste nutzen.

iTunes Store

Mit dem Programm *iTunes* bekommt man nicht nur Zugang zum iTunes Store, sondern auch zu den anderen Stores von Apple, den App Store und iBooks Store. Und wie bei den mobilen Geräten benötigen Sie für den Einkauf eine Apple-ID.

Die Apple-ID kann auf mehreren Wegen in iTunes eingetragen werden. Falls Sie Ihre Apple-ID mit iTunes erstellt haben (siehe Abschnitt weiter vorne), dann ist die Apple-ID bereits eingetragen. Sie können das entweder im Menü *Store* durch die Auflistung der Funktion *Meinen Account anzeigen* kontrollieren oder durch die Anzeige der Apple-ID rechts oben im *iTunes Store*.

Im iTunes Store können Sie rechts oben kontrollieren, ob Sie bereits angemeldet sind.

Falls Sie noch nicht angemeldet sind, so können Sie dies nachholen, indem Sie entweder die Funktion *Anmelden* aus dem Menü *Store* wählen oder die gleichnamige Funktion rechts oben im iTunes Store anklicken.

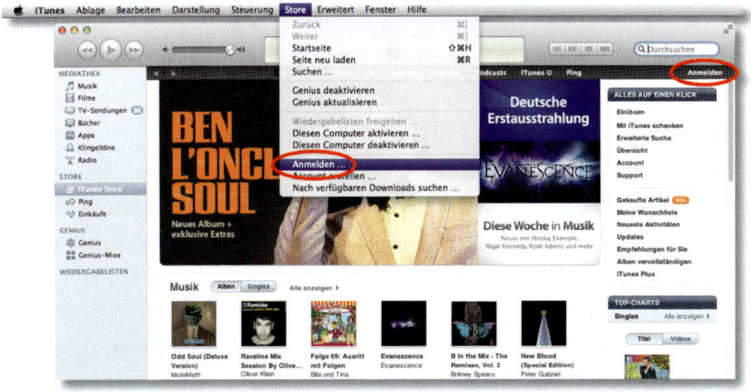

Über das Menü „Store" oder direkt im iTunes Store können Sie sich anmelden.

In beiden Fällen erhalten Sie einen Anmeldedialog, wo Sie nun Ihre Apple-ID mit dem dazugehörigen Kennwort eingeben müssen. Nach der Bestätigung der Eingabe wechselt die Anzeige rechts oben im iTunes Store auf Ihre Apple-ID und es wird das aktuelle Guthaben des Gutscheins angezeigt.

Die Apple-ID wird für die Anmeldung im iTunes Store benötigt.

Die Anmeldung war erfolgreich.

Mac App Store

Seit Januar 2011 betreibt Apple für die Macs einen Store zum Download von Software. Genauso wie im App Store auf dem iPhone/iPad/iPod touch kann der Anwender kostenlose und gebührenpflichtige Programme für seinen Mac herunterladen bzw. die gekaufte Software mit automatischen Updates aktuell halten.

Die Anmeldung beim Mac App Store ist genauso einfach wie bei iTunes. Sie können entweder im Menü *Store* die Funktion *Anmelden* verwenden oder auf die gleichnamige Funktion im Bereich *Alles auf einen Klick* auf der rechten Fensterseite klicken.

Die Anmeldung im Mac App Store.

In beiden Fällen wird ein weiteres Fenster geöffnet, in dem Sie nun Ihre Apple-ID und das entsprechende Kennwort eintippen müssen. Falls Sie noch keine Apple-ID besitzen, können Sie dort auch eine neue Apple-ID beantragen bzw. erstellen.

Die Apple-ID wird für die Anmeldung im Mac App Store benötigt.

Nach der erfolgreichen Anmeldung wird Ihr Name im Bereich *Alles auf einen Klick* auf der rechten Fensterseite angezeigt. Dort finden Sie dann auch eine Anzeige über Ihr aktuelles Guthaben bei Apple.

Im Bereich „Alles auf einen Klick" wird das Guthaben angezeigt.

FaceTime

Den Videotelefonie-Dienst FaceTime von Apple gibt es nicht nur für die mobilen Geräte, sondern auch für die Macs. Im Betriebssystem OS X Lion ist FaceTime kostenlos dabei, Anwender, die ein älteres Betriebssystem verwenden, können FaceTime gegen eine Gebühr von 0,79 Euro im Mac App Store erwerben.

Wie fast für alle Dienste von Apple benötigen Sie eine Apple-ID, um ihn nutzen zu können. Die Apple-ID wird in FaceTime im Menü *FaceTime –> Einstellungen* angegeben. Zuerst muss der Dienst aktiviert werden. Dazu klicken Sie nur auf den entsprechenden Schalter in den Einstellungen.

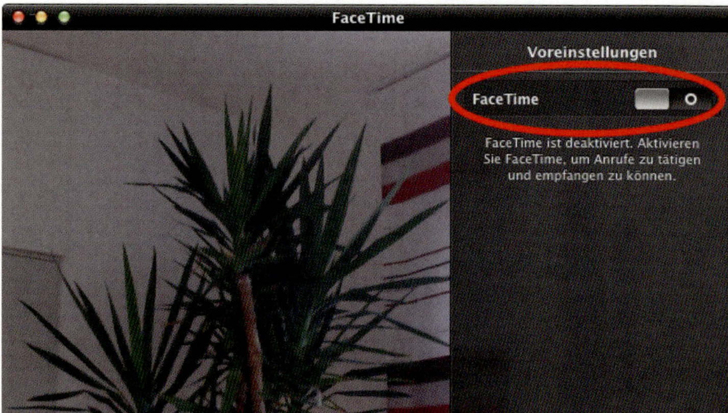

In den „Einstellungen" muss FaceTime zuerst eingeschaltet werden.

- **Falls Sie bereits anderweitig eine Apple-ID auf Ihrem Rechner verwenden, z. B. bei iTunes oder iCloud, zieht FaceTime diesen Account für die Nutzung des Dienstes heran. Dann werden Sie noch aufgefordert das Kennwort der Apple-ID anzugeben. Ansonsten tippen Sie die Apple-ID mit dem dazugehörigen Kennwort ein.**

Da die Apple-ID bereits an anderer Stelle auf dem Rechner verwendet wird, muss nur noch das Kennwort angegeben werden.

Nach erfolgreicher Aktivierung wird die Apple-ID in den Einstellungen angezeigt und automatisch als Empfängeradresse für einen FaceTime-Anruf verwendet.

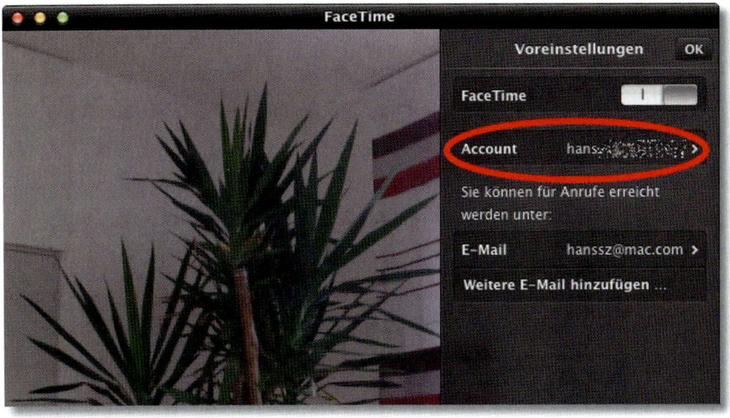

FaceTime ist aktiviert und die Apple-ID eingetragen.

Apples Onlineshop

Neben den vielen Stores auf den einzelnen Geräten hat Apple auch noch einen Onlineshop, der mit jedem Internetbrowser angesteuert werden kann. In Deutschland erreicht man den Shop unter *store.apple.com/de*, der österreichische Shop hat die Adresse *store.apple.com/at* und in der Schweiz *store.apple.com/ch-de*. Im Onlineshop verkauft Apple hauptsächlich eigene Hardware, also iPhones, iPads, iPods und Macs sowie Zubehör zu den Apple-Geräten.

- **Für den Einkauf im Onlineshop kann auch die Apple-ID verwendet werden. Der Onlineshop ist der einzige Store von Apple, wo Sie nicht unbedingt eine Apple-ID benötigen. Sie können auch als einmaliger „Gast“ einkaufen. Der Vorteil der Apple-ID sind aber die bereits eingetragenen Daten wie Rechnungs- bzw. Lieferanschrift und die Bezahlmethode. Sie können beim Bezahlen im Shop also direkt durchstarten und müssen keine lästigen Angaben zu Rechnungs- oder Lieferadresse machen.**

Die Apple-ID wird im Onlineshop erst beim Bezahlen angegeben. Wenn Sie also den Warenkorb mit Artikeln gefüllt haben und dann zur Kasse gehen, werden Sie aufgefordert, entweder Ihre Apple-ID anzugeben oder sich als Gast anzumelden.

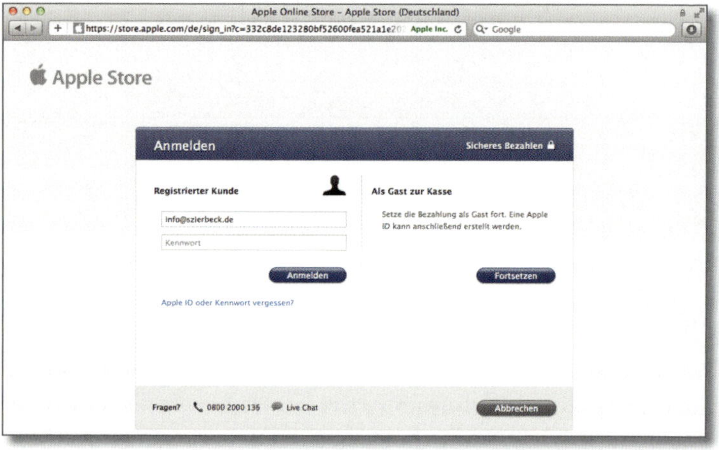

Erst beim Bezahlen kann die Apple-ID angegeben werden.

Nach der Anmeldung erhalten Sie eine Übersicht über die ausgewählten Artikel, in der nun auch automatisch Ihre Adresse und Ihre Bezahlmethode eingetragen sind. Sie müssen nur noch die Bestellung kontrollieren und abschicken.

Apple-ID Kennwort vergessen – iForgot

Bei der großen Anzahl von Einsatzmöglichkeiten einer Apple-ID kann es leicht geschehen, dass man das Kennwort dafür vergisst, besonders im Hinblick auf die Tatsache, dass für die Apple-ID das Kennwort mindestens acht Zeichen, davon mindestens eine Ziffer und einen Großbuchstaben und nicht drei identische aufeinanderfolgende Zeichen haben muss. Bei diesen Beschränkungen ist es schwerer, sich ein Kennwort auszudenken und dann auch nicht wieder zu vergessen.

Falls Sie das Kennwort für Ihre Apple-ID vergessen haben, ist das aber kein Beinbruch. Apple hat eine Funktion zum Zurücksetzen eines Kennworts mit dem Namen „iForgot" in den Apple-Account integriert.

Das Kennwort für die Apple-ID lässt sich mithilfe eines Internetbrowsers zurücksetzen. Unter der Adresse *iforgot.apple.com* können Sie das Portal für das Zurücksetzen des Apple-ID-Kennworts aufrufen. Alternativ dazu können Sie auch auf dem iPhone, iPad oder iPod touch in die *Einstellungen* zu *Store* gehen und dort, wenn die Apple-ID bereits eingetragen ist, auf die *Apple-ID* tippen oder, falls die Apple-ID noch nicht angegeben ist, auf *Anmelden*. In beiden Fällen erhalten Sie ein Fenster, das neben der Anmeldung und Erstellung einer neuen Apple-ID auch den Punkt *iForgot* enthält. Wenn Sie diesen Punkt antippen, werden Sie automatisch auf das Internetportal von iForgot geleitet.

„iForgot" kann über die Store-Einstellungen am iPhone oder iPad aufgerufen werden.

Auf dem Internetportal von iForgot müssen Sie zunächst Ihre Apple-ID eingeben und im nächsten Schritt auswählen, auf welche Art und Weise das Kennwort zurückgesetzt werden soll. Sie können sich von Apple entweder eine Kontroll-E-Mail schicken lassen oder die Kontrollfrage beantworten, die Sie während des Erstellens der Apple-ID angegeben haben.

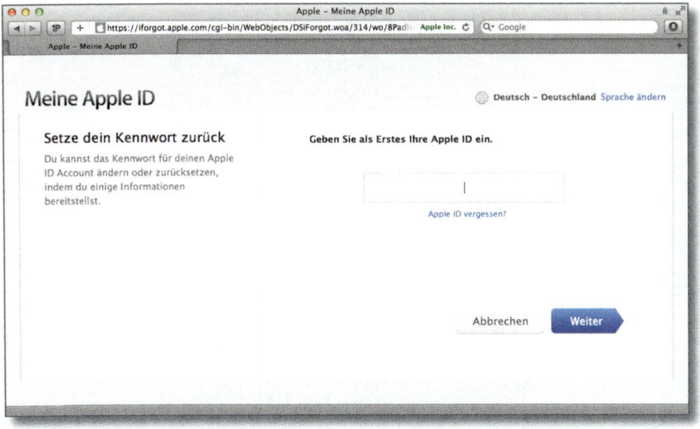

Zuerst muss die Apple-ID angegeben werden …

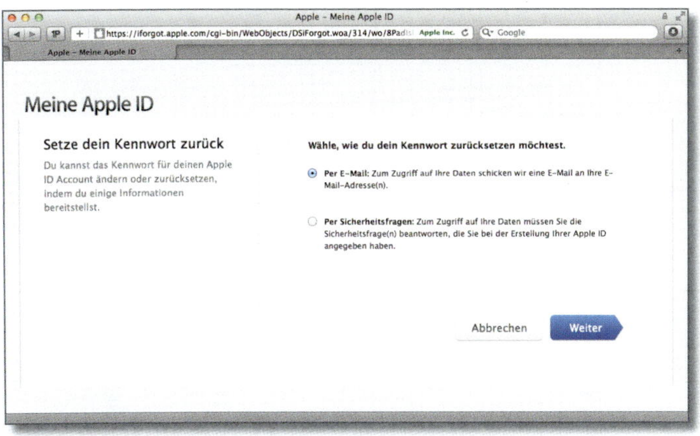

… damit Sie im nächsten Schritt auswählen können, wie das Kennwort zurückgesetzt wird.

Falls Sie die Option *Per E-Mail* gewählt haben, erhalten Sie unmittelbar nach dem Mausklick auf *Weiter* eine E-Mail, in der Sie aufgefordert werden, einen Hyperlink anzuklicken, um das Kennwort zurückzusetzen.

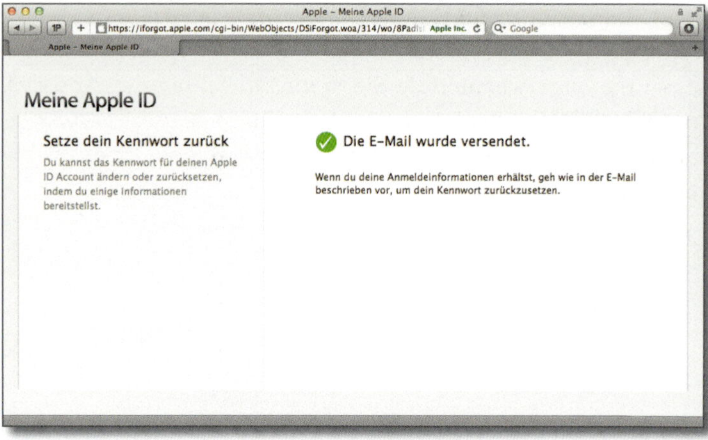

Die E-Mail ist auf dem Weg …

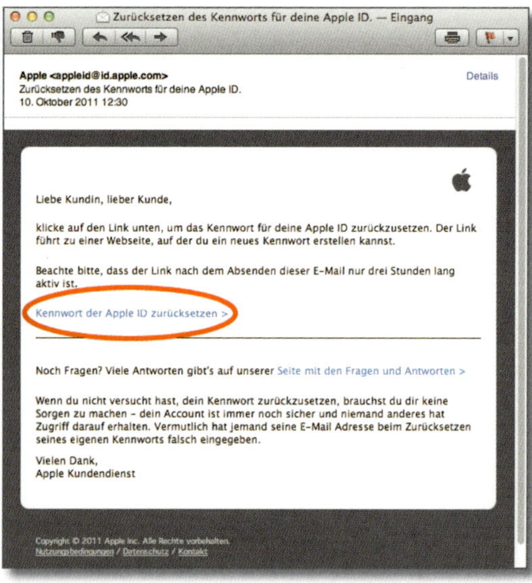

… und muss mit einem Klick bestätigt werden.

Mit der zweiten Option *Per Sicherheitsfragen* müssen Sie zunächst Ihr Geburtsdatum eingeben und danach die Sicherheitsfrage beantworten, die Sie beim Einrichten der Apple-ID angegeben haben. Egal, welchen der beiden Wege Sie verwendet haben, Sie gelangen darüber immer zur Eingabemaske für das neue Kennwort.

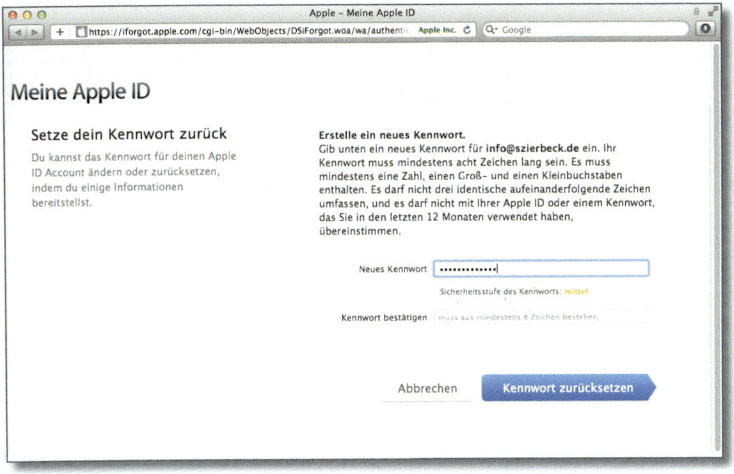

Das neue Kennwort muss nun definiert werden.

Jetzt müssen Sie das neue Kennwort zweimal angeben und ein Mausklick auf *Kennwort zurücksetzen* löscht das alte Kennwort und legt das neue fest. Neben der Bestätigung im Browser erhalten Sie noch zusätzlich eine E-Mail mit dem Hinweis, dass das Kennwort zurückgesetzt wurde.

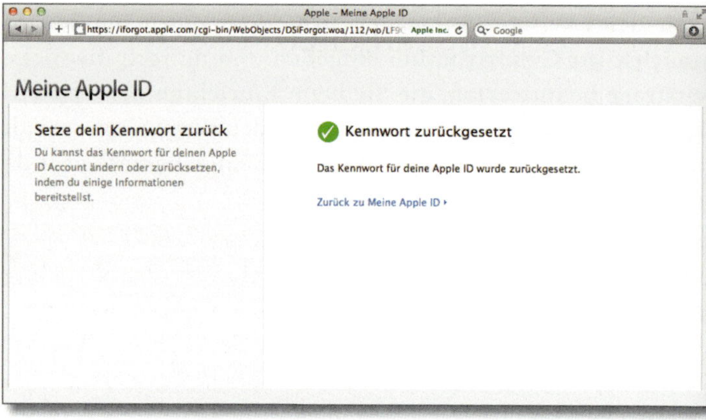

Das Kennwort wurde zurückgesetzt …

… was auch mit einer E-Mail nochmals bestätigt wird.

Ab sofort können Sie dann das neue Kennwort für die Anmeldung mit Ihrer Apple-ID verwenden.

Account-Daten bearbeiten

Ab und zu kann es nötig werden, die persönlichen Daten, die Sie beim Anlegen der Apple-ID angegeben haben, zu ändern. Wenn Sie z. B. eine andere Telefonnummer oder Rechnungsadresse oder Zahlungsart angeben wollen, dann können Sie das zu jedem Zeitpunkt auf einem mobilen Apple-Gerät oder auch am Rechner in iTunes machen. Der Weg über iTunes am Rechner ist übersichtlicher und komfortabler als mit dem iPhone, iPad oder iPod touch. In iTunes stehen auch mehr Einstellungsmöglichkeiten zur Verfügung, wie z. B. die Bezahlmethode mit „click and buy“, die auf dem iPhone, iPad und iPod touch nicht ausgewählt werden kann.

Um die Account-Daten der Apple-ID zu ändern, müssen Sie in *iTunes* aus dem Menü *Store* die Funktion *Meinen Account anzeigen* wählen. Daraufhin stellt iTunes eine sichere Verbindung zu Apple her und zeigt Ihnen alle relevanten Daten Ihres Zugangs auf einer Seite an. Eventuell müssen Sie zuvor noch das Kennwort für Ihre Apple-ID angeben.

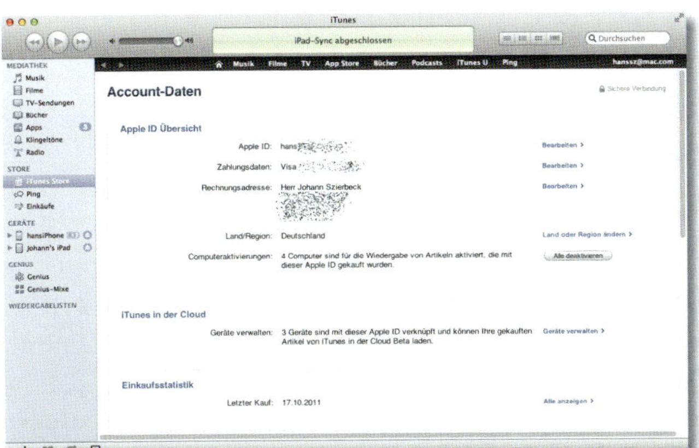

Die Einstellungen für den Apple-Account bzw. Apple-ID.

Ein Mausklick auf *Bearbeiten* bei der jeweiligen Einstellung führt Sie zu einer Eingabemaske, in der Sie die Daten ändern können, wie z. B. das Entfernen von Geräten für die Nutzung des iCloud-Account oder das Deaktivieren von Computern für die Wiedergabe von gekaufter Musik und Filmen.

- **Man kann nämlich nur fünf Geräte für die Einkäufe freigeben. Und wenn Sie die Freigabe für ein älteres Gerät entfernen wollen, geht das nur mit iTunes.**

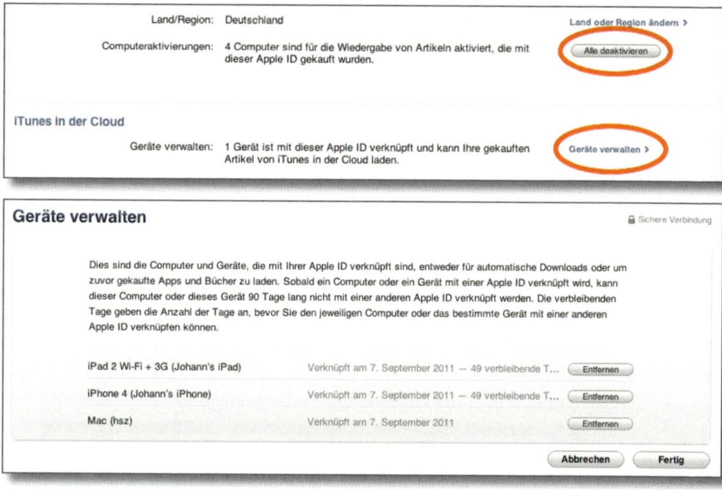

Die Geräteverwaltung für die Nutzung des iCloud-Accounts kann nur in iTunes aufgerufen werden.

Wenn Sie alle Änderungen durchgeführt haben, klicken Sie auf die Schaltfläche *Fertig* im unteren Bereich der Seite. Dadurch werden die Änderungen gespeichert und sind sofort gültig.

Um die Accountdaten mit dem iPhone, iPad oder iPod touch zu ändern, müssen Sie zu *Einstellungen –> Store*. Dort tippen Sie auf die Apple-ID und wählen in dem dadurch geöffneten Fenster die Funktion *Apple-ID anzeigen*.

Die Accountdaten werden in den Store-Einstellungen geändert.

Das Gerät baut nun eine Internetverbindung auf und zeigt in einem neuen Screen die persönlichen Daten für die Apple-ID an. Mit einem Fingertipp auf die angezeigten Daten können Sie diese bearbeiten bzw. ändern. Mit der Schaltfläche *Fertig* können Sie die Änderungen an Apple übertragen bzw. freischalten.

Die Accountdaten auf dem iPhone.

iCloud

iCloud

Cloud-Computing ist das neue Schlagwort, das in der letzten Zeit häufig in den Medien auftaucht. Was bedeutet das? Es bedeutet, dass alle Geräte (Computer, Smartphones, Tablets usw.) ihre Daten untereinander über einen zentralen Server teilen bzw. austauschen. Wenn man also z. B. auf einem Computer eine Präsentation erstellt, wird diese sofort in die „Cloud" hochgeladen und unmittelbar danach auf alle anderen Geräte, wie z. B. das iPad, übertragen. Man muss die Geräte deshalb nicht mehr untereinander mit Kabeln verbinden und synchronisieren bzw. die Datenübertragung manuell durchführen. Das wird alles von der „Cloud" erledigt.

Apple bietet seit Herbst 2011 einen Cloud-Dienst mit dem Namen *iCloud* an. Dieser Dienst steht jedem iPhone-, iPad-, Mac- oder Windows-Anwender kostenlos zur Verfügung. Der iCloud-Account umfasst 5 GByte kostenlosen Speicherplatz für Mails, Dokumente und Backups. Die gekauften Musiktitel, Apps, Bücher und TV-Sendungen sowie die Bilder für *Fotostream* werden dem Account nicht angerechnet. Er reicht also aus, um eine ganze Menge Bilder, Videos, E-Mails und Dokumente in der Cloud zu speichern. Bei Bedarf kann zusätzlich kostenpflichtiger Speicher erworben werden, der zu den kostenfreien fünf GByte hinzugefügt wird.

Die Konditionen sehen zurzeit (Stand: Herbst 2011) so aus:
5 GByte = kostenlos
zusätzliche 10 GByte = 16,– Euro pro Jahr
zusätzliche 20 GByte = 32,– Euro pro Jahr
zusätzliche 50 GByte = 80,– Euro pro Jahr

Zusätzlicher Speicherplatz für iCloud ist nicht kostenlos.

Voraussetzungen

Was benötigt man denn für iCloud? Zuallererst natürlich die entsprechenden Geräte und die Software, die das Cloud-Computing unterstützen. An mobilen Endgeräten wären da das iPhone und das iPad, die mindestens iOS 5 installiert haben müssen.

Auf der Mac-Rechnerseite kann mit jedem Mac, der OS X Lion 10.7.2 oder höher installiert hat, iCloud verwendet werden. Unter Windows kann jeder Rechner, der mit Windows Vista oder höher arbeitet, den iCloud-Dienst von Apple nutzen.

Jetzt benötigen Sie noch entsprechende Anwendersoftware, die die Daten bei iCloud ablegen kann. Mac-Anwender haben es da leicht, da diese Software bereits auf dem Mac installiert ist:

- Mail,
- iCal,
- Adressbuch,
- iPhoto (9.2),

- Safari,
- iTunes (10.5).
- Zusätzlich können noch die Dokumente der Apple-Programme aus dem iWork-Paket mit iCloud verteilt werden.

Für diese Programme gibt es ein jeweiliges Gegenstück auf den mobilen Geräten, womit dem Datenaustausch nichts mehr im Wege steht.

Windows-Anwender können die Daten von folgenden Programmen mit der iCloud synchronisieren:

- Outlook 2007 und 2010,
- iTunes 10.5 für Windows,
- Safari für Windows
- und Internet Explorer.

Zusätzlich können noch Bilder in der iCloud abgelegt werden, dazu aber kein spezielles Programm benötigt (siehe Abschnitt weiter hinten).

Welche Daten können bei iCloud abgelegt werden?

Hier gibt es Unterschiede zwischen Mac und Windows. Die Mac-Anwender haben etwas mehr Möglichkeiten als die Windows-Anwender. Das liegt vor allem daran, dass es die Programme des iWork-Pakets (Keynote, Page und Numbers) nur für den Mac gibt.

Mac

Auf der Mac-Seite können folgende Dinge in der iCloud abgelegt und dadurch mit anderen Geräten synchronisiert werden:

- E-Mails und Notizen,
- Kontakte aus dem Adressbuch,
- Kalender von iCal,

- Lesezeichen von Safari,
- Fotos von iPhoto,
- Dokumente bzw. Dateien,
- Musik von iTunes.

Am Mac können vielerlei Dinge mit iCloud verwendet werden.

Windows

Windows-Anwender sind etwas beschränkter bei der Ablage der Daten bei iCloud:

- E-Mails von Outlook 2007/2010,
- Kontakte von Outlook 2007/2010,
- Kalender und Aufgaben von Outlook 2007/2010,
- Lesezeichen von Safari bzw. Favoriten des Internet Explorers (Firefox wird zurzeit nicht unterstützt),
- Bilder und Fotos von jeder beliebigen Anwendung.

Unter Windows werden nicht so viele Dienste unterstützt wie beim Mac.

iOS-Geräte

Die iOS-Geräte wie iPhone und iPad haben noch zusätzliche Funktionen, die mit der iCloud verwendet werden können. Sie können zusätzlich noch folgende Dinge:

- Apps fürs iPhone und iPad,
- eBooks von der iBooks-App,
- Erinnerungen,
- Backups der Geräte.

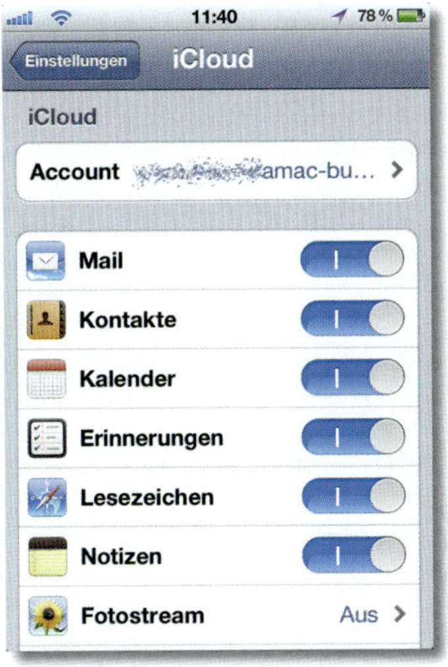

Die Funktionen, die iCloud auf einem iPhone unterstützt.

iCloud einrichten

Apple-ID

Was Sie als Erstes benötigen, um mit iCloud zu arbeiten, ist eine Apple-ID. Mit einer Apple-ID erhalten Sie Zugang zur iCloud und damit auch den kostenlosen 5-GByte-Speicherplatz. Falls Sie keine Apple-ID haben, gibt es verschiedene Wege, um eine zu bekommen. Näheres dazu können Sie im Kapitel „Apple-ID" nachlesen.

Einrichten am Mac

Wenn Sie eine gültige Apple-ID besitzen, können Sie damit beginnen, iCloud an Ihrem Mac einzurichten. Dazu öffnen Sie die *Systemeinstellungen* aus dem *Apfel-Menü* und klicken dann auf *iCloud*.

iCloud wird in den Systemeinstellungen eingerichtet.

Wenn Sie nun auf *iCloud* klicken, werden Sie anschließend aufgefordert, Ihre Apple-ID und das dazugehörige Kennwort einzugeben. An dieser Stelle haben Sie auch die Möglichkeit, eine neue Apple-ID zu beantragen, falls Sie noch keine haben.

Ein neuer iCloud-Zugang entsteht.

Wenn Sie dann auf *Anmelden* klicken, wird per Internet eine Verbindung zu Apples iCloud-Dienst hergestellt und überprüft, ob bereits Daten bei iCloud hinterlegt sind. Ist dies der Fall, werden die Daten mit Ihrem Mac synchronisiert. Falls Sie eine neue Apple-ID auf Basis einer vorhandenen E-Mail-Adresse verwenden, sind die Einstellungen für iCloud noch grau hinterlegt und deswegen auch nicht verfügbar.

Eine neue Apple-ID muss zuerst noch überprüft werden.

Wenn Sie allerdings beim Einrichten von iCloud entschieden haben, eine Gratis-E-Mail-Adresse von me.com zu benutzen, ist der iCloud-Zugang sofort freigeschaltet und alle Funktionen sind verfügbar. Sie müssen also nicht auf die Verifizierungs-E-Mail von Apple warten.

Beim Anlegen eines iCloud-Accounts kann eine Gratis-E-Mail-Adresse von me.com benutzt werden. Der iCloud-Account wird damit sofort nach dem Einrichten aktiviert.

- **Eine neue Apple-ID auf Basis einer vorhandenen beliebigen E-Mail-Adresse muss zuerst verifiziert werden. Beim Anlegen einer neuen Apple-ID haben Sie eine E-Mail von Apple erhalten, in der steht, dass der neue Zugang erst bestätigt werden muss. Sie müssen nur auf den entsprechenden Hyperlink in der E-Mail klicken, die Apple-ID wird damit verifiziert und der iCloud-Zugang freigeschaltet.**

Liebe(r) Johann Szierbeck,

Sie haben [redacted].de als Kontakt-E-Mail-Adresse für Ihre Apple-ID eingegeben. Um den Vorgang abzuschließen, müssen wir überprüfen, dass diese E-Mail-Adresse Ihnen gehört. Klicken Sie dazu bitte auf den unten stehenden Link und melden Sie sich mit Ihrer Apple-ID und dem zugehörigen Kennwort an.

Jetzt überprüfen >

Sie fragen sich, warum Sie diese E-Mail erhalten?
Sie wird versendet, wenn jemand eine Kontakt-E-Mail-Adresse für einen Apple-ID Account hinzufügt oder ändert. Falls Sie dies nicht getan haben, brauchen Sie sich keine Sorgen zu machen. Ihre E-Mail-Adresse kann nicht ohne Ihre Bestätigung als Kontaktadresse für eine Apple-ID verwendet werden.

Weitere Informationen hierzu finden Sie in den häufig gestellten Fragen.

Vielen Dank.
Ihr Apple Kundensupport

Die E-Mail von Apple muss bestätigt werden, damit der Dienst freigeschaltet wird.

Sind nun alle Bedingungen erfüllt, ist das Portal zu iCloud geöffnet und Sie können damit beginnen, die einzelnen Funktionen zu konfigurieren. Je nach Wunsch lassen sich die verschiedenen Funktionen ein- und ausschalten. Wenn Sie z. B. die Fotos von iPhoto mit iCloud synchronisieren wollen, dann müssen Sie bei der Funktion *Fotostream* nur das Häckchen setzen. Der Mac beginnt dann sofort, die Bilder, die im Fotostream-Bereich von iPhoto liegen, mit Ihren mobilen Endgeräten zu synchronisieren bzw. umgekehrt die Bilder der mobilen Geräte mit dem Mac.

iCloud ist am Mac aktiviert und bereit.

Einrichten unter Windows

- **Um iCloud unter Windows zu nutzen, müssen Sie zuerst mit Ihrer Apple-ID den iCloud-Account freischalten. Das geht aber leider nicht unter Windows, sondern muss unbedingt auf einem iOS-5-Gerät (siehe nächsten Abschnitt) oder einem Mac durchgeführt werden. Erst danach kann iCloud auch unter Windows genutzt werden.**

Für Windows benötigen Sie außerdem noch die die iCloud-Systemsteuerung. Diese erhalten Sie kostenlos im Downloadbereich von Apple unter der Adresse *http://support.apple.com/kb/DL1455*.

Wenn Sie nach der Installation die *Systemsteuerung* öffnen, finden Sie dort den Eintrag *iCloud.*

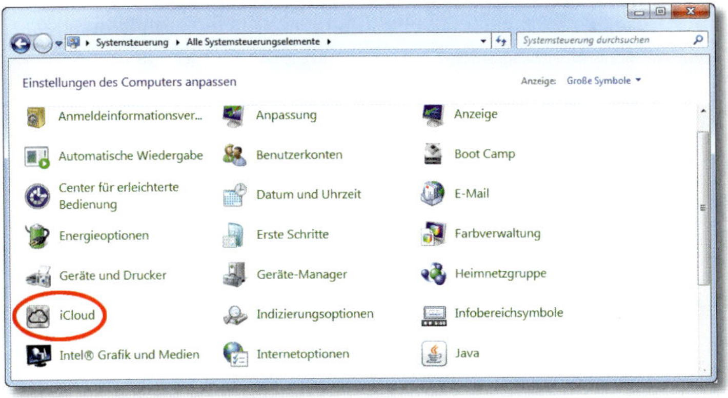

iCloud in der Systemsteuerung von Windows 7.

Wenn Sie die Systemsteuerung anklicken, öffnet sich das Fenster von iCloud und Sie werden aufgefordert, Ihre Apple-ID anzugeben.

- **Leider kann in diesem Fenster keine neue Apple-ID beantragt werden. Sie müssen also unbedingt vorher eine Apple-ID haben und der iCloud-Account muss freigeschaltet sein.**

Die Apple-ID wird für die Anmeldung benötigt.

Nach erfolgreicher Anmeldung öffnet sich das iCloud-Kontrollfenster. Dort können Sie nun die gewünschten Funktionen ein- und ausschalten.

iCloud unter Windows 7.

iPad und iPhone

Wie beim Mac muss für iCloud zuerst die Apple-ID angegeben werden. Unter *Einstellungen –> iCloud* können Sie dies tun. Nach der Anmeldung beginnt das Gerät sofort mit dem Datenabgleich und aktiviert die unterschiedlichen Dienste.

Die Apple-ID wird auch für das iPad bzw. iPhone zum Aktivieren von iCloud benötigt.

Danach müssen Sie auf den mobilen Geräten die *Push-Funktion* von iCloud aktivieren. Dadurch werden die Daten zwischen den Geräten automatisch abgeglichen, wenn die Geräte Zugang zu einem Wi-Fi-Netz bzw. einem mobilen Internetzugang (z. B. 3G) haben.

- **Falls Sie im Besitz einer Datenflatrate für iPhone oder iPad sind, dann können Sie auch das Mobilnetz für den Datenabgleich von Dokumenten & Daten benutzen. Andernfalls können dabei eventuell zusätzliche Kosten anfallen. Aus diesem Grund kann man iCloud für die mobilen Netze deaktivieren und der Abgleich findet nur dann statt, wenn das mobile Gerät in ein Wi-Fi-Netz eingeloggt ist. Auf dem iPhone bzw. iPad müssen Sie dafür Einstellungen –> iCloud –> Dokumente & Daten öffnen. Schieben Sie den Regler bei**

Mobiles Netz nach links, um zu verhindern, dass der Datenabgleich von Dokumenten und Daten über das Mobilfunknetz durchgeführt wird.

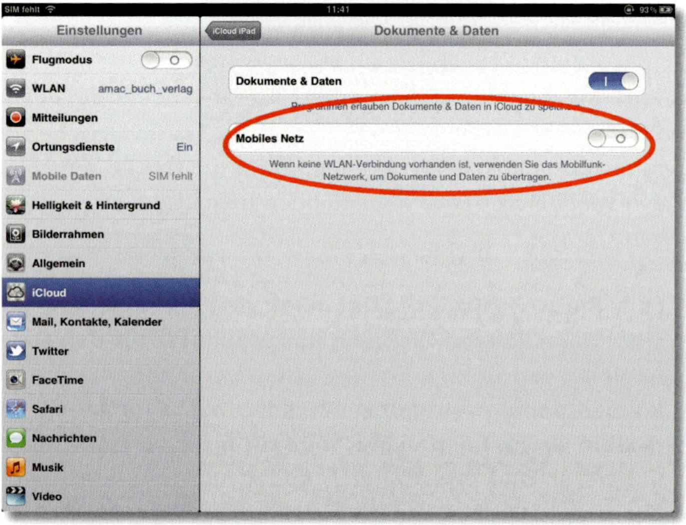

Der Datenabgleich über das Mobilfunknetz kann verhindert werden.

Um die *Push-Funktion* am iPhone bzw. iPad einzuschalten, müssen Sie zu *Einstellungen –> Mail, Kontakte, Kalender –> Datenabgleich* navigieren. Dort kann die Push-Funktion eingeschaltet werden.

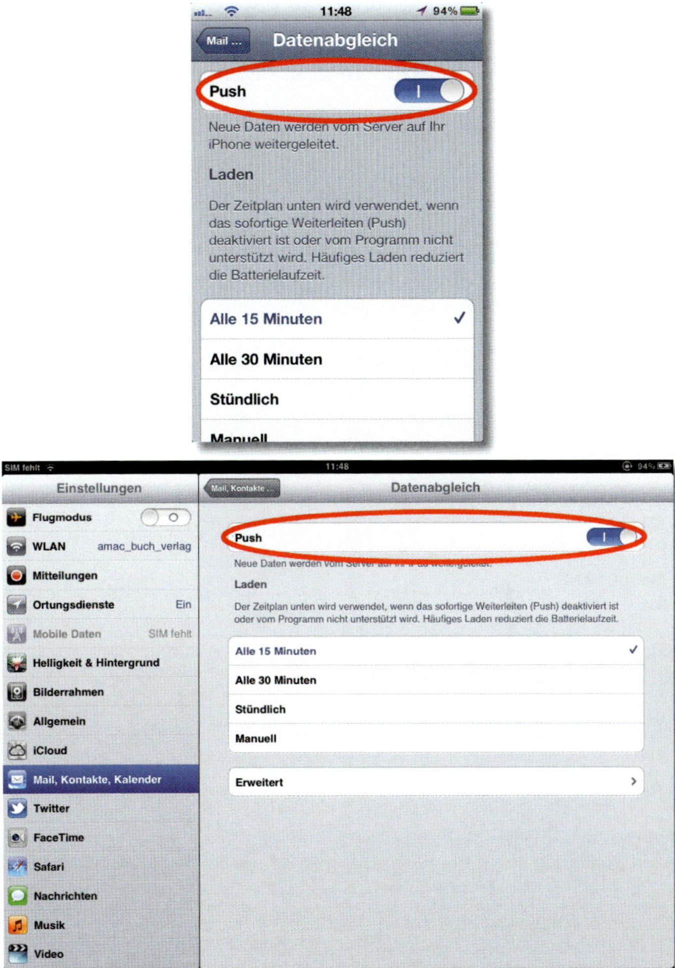

Push muss auf iPhone und iPad aktiviert sein.

- **Die Push-Funktion gewährleistet, dass bei einer Änderung, z. B. wenn ein neues Foto gemacht wird, dieses sofort zur iCloud und damit zu den anderen Geräten übertragen wird. Falls Sie das verhindern wollen, dann deaktivieren Sie Push und stellen den Zeitplan für das Laden auf Manuell. Damit wird der Datenabgleich erst dann durchgeführt, wenn Sie die entsprechende App wie z. B. Fotos starten.**

Nachdem die Push-Funktion eingeschaltet ist, müssen Sie noch eine weitere Einstellung speziell für den iCloud-Dienst vornehmen. Wenn Sie auf *Erweitert* tippen, gelangen Sie zur Übersicht aller Accounts auf dem Gerät. Die Push-Funktion kann für die einzelnen Accounts eingestellt werden. Auch der iCloud-Account ist dort aufgelistet. Jetzt müssen Sie nur noch kontrollieren, ob beim iCloud-Account die Push-Funktion aktiviert ist. Normalerweise ist das die Grundeinstellung.

Für den iCloud-Account muss die Push-Funktion aktiviert sein.

Ist die Push-Funktion nicht aktiviert, dann tippen Sie auf den iCloud-Account und im nächsten Screen können Sie dann die Art und Weise, wie die Daten mit iCloud abgeglichen werden, ändern.

Als Nächstes müssen Sie einstellen, welche Daten zwischen den Geräten abgeglichen werden sollen. Dies können Sie am iPhone bzw. iPad in den *Einstellungen* bei *iCloud* erledigen.

Die iCloud-Einstellungen am iPhone.

Beim Ein- bzw. Ausschalten der jeweiligen Funktionen müssen Sie teilweise noch entscheiden, was mit den Daten passieren soll, die bereits auf dem Gerät vorhanden sind. Wenn Sie z. B. auf dem iPhone den Abgleich der Lesezeichen eingeschaltet und synchronisiert haben und nun den Dienst deaktivieren, müssen Sie eine Entscheidung treffen. Sollen die Lesezeichen von iCloud auf dem iPhone verbleiben oder gelöscht werden?

Was soll mit den Lesezeichen geschehen?

Arbeiten mit iCloud

Das Arbeiten mit dem iCloud-Dienst von Apple ist eine wirklich einfache Sache. Das meiste läuft im Hintergrund und wird von Ihnen kaum wahrgenommen. Allerdings müssen die Geräte erst dafür konfiguriert werden.

Mail

Wer sich einen Account bei iCloud besorgt hat, erhält zudem eine E-Mail-Adresse von *me.com*. Diese wird sogleich am Mac bzw. iPhone/iPad unter *Systemeinstellungen* bzw. *Einstellungen* bei *Mail, Kontakte, Kalender* eingetragen und steht damit an allen Geräten in den Mail-Programmen sofort zur Verfügung. Das gilt auch für Microsoft Outlook für Windows, wenn Sie in der *Systemsteuerung* von *iCloud* die Funktion *E-Mail* aktivieren.

Dadurch wird die me.com-Adresse sofort als Konto in Outlook hinzugefügt.

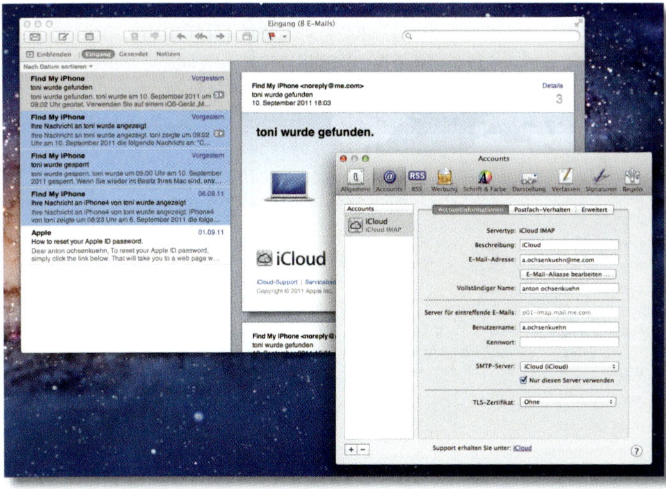

Mail am Mac enthält alle Einstellungen des neuen E-Mail-Accounts.

Werden die Mail-Daten synchronisiert, dann bedeutet das schlichtweg, dass eine am iPhone gelöschte E-Mail damit grundsätzlich gelöscht wird und dadurch auch nicht mehr am Computer erscheint. Wird hingegen am iPhone ein neues Postfach erstellt und werden darin E-Mails abgelegt, so wird auch dies sofort auf alle anderen iCloud-Geräte weitergereicht, so dass stets alle Devices auf dem gleichen Stand sind.

Kontakte

Wenn in den iCloud-Einstellungen die Option *Kontakte* aktiviert ist, können Kontakte im Adressbuch des iPhones, iPads oder Macs bzw. die Adressen von Microsoft Outlook für Windows untereinander ausgetauscht werden. Wie bei Apple üblich, funktioniert dies sehr einfach.

Sie müssen nur das Adressbuch am Mac öffnen und einen neuen Kontakt erstellen. Nach der Eingabe klicken Sie auf *Fertig* und der neue Kontakt wird sofort via Internet zu iCloud und damit zu den anderen Geräten übertragen. Fertig! Einfacher geht es kaum.

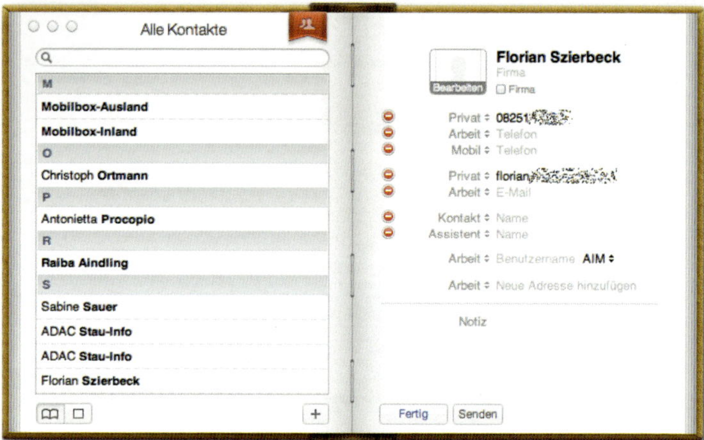

Im Adressbuch auf dem Mac wird ein neuer Kontakt eingetragen …

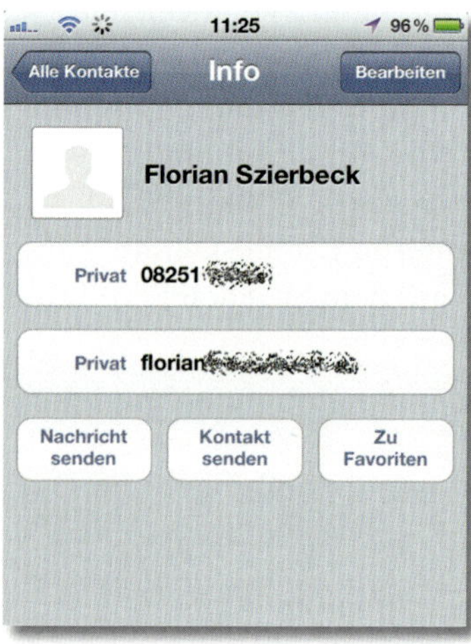

… der nach Fertigstellung unmittelbar auf das iPhone übertragen wird.

Kalender

Der Datenabgleich von Kalendereinträgen funktioniert auch reibungslos. Wenn Sie z. B. in Microsoft Outlook 2010 für Windows einen neuen Termin eintragen und speichern, wird dieser unmittelbar danach zu iCloud übertragen. Wenn Sie anschließend auf dem iPad oder iPhone den Kalender öffnen, wird der neue Termin sofort angezeigt.

- **Der Austausch von Kalenderdaten kann selbstverständlich auch zwischen einem Mac und einem Windows-Rechner erfolgen. Auf der Windows-Seite benötigen Sie Outlook 2007 oder 2010 und auf der Mac-Seite müssen Sie mit dem Programm iCal arbeiten.**

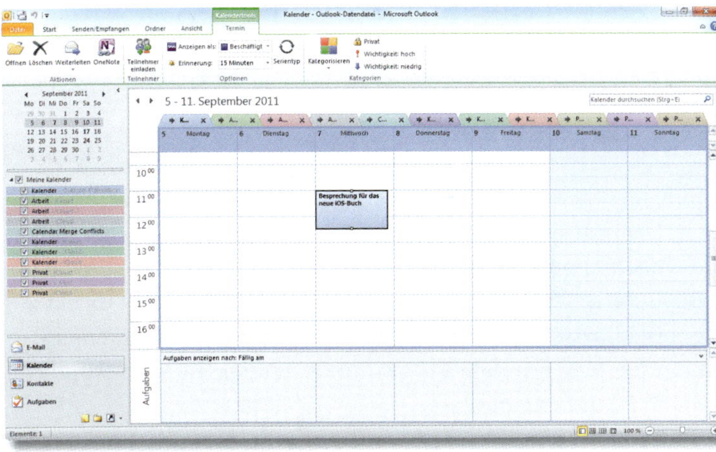

In Outlook 2010 wird ein neuer Termin eingetragen …

… der anschließend auch auf dem iPhone erscheint.

Kalender freigeben

Mit iCloud lassen sich Kalender auch für andere Benutzer freigeben. Freunde oder Familienmitglieder können dann Ihre Termine einsehen oder, je nach Einstellung, auch Termine eintragen und ändern. Die Freigabe eines Kalenders kann nicht direkt auf dem iPad bzw. iPhone durchgeführt werden. Sie müssen entweder einen Mac mit dem Programm iCal oder die Web-Applikation von icloud.com nutzen.

Auf dem Mac starten Sie das Programm *iCal* und klicken den Kalender, der freigegeben werden soll, mit der rechten Maustaste bzw. mit gedrückter *Ctrl-Taste* an, um das Kontextmenü zu öffnen. Dort wählen Sie dann die Option *Kalender freigeben* aus.

Über das Kontextmenü kann ein Kalender freigegeben werden.

Jetzt öffnet sich ein Dialogfeld, in dem Sie entscheiden müssen, ob der Kalender für *Jeden*, und damit öffentlich, oder *Nur für die eingeladenen Personen* sichtbar sein soll.

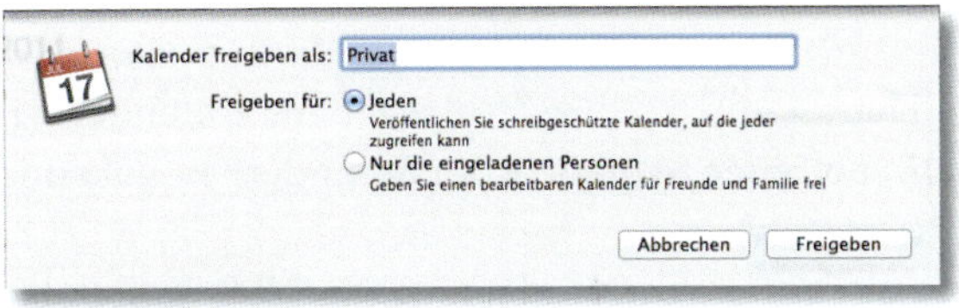

Für wen soll der Kalender freigegeben werden?

Mit der Option *Jeden* erhalten Sie einen Hyperlink, mit dem andere Personen Ihren Kalender abonnieren, aber nicht verändern können. Diesen Hyperlink können Sie per E-Mail an gewünschte Personen verteilen oder auf einer Internetseite veröffentlichen.

Die Option *Nur die eingeladenen Personen* ermöglicht es Ihnen, die Personen einzuschränken, die den Kalender sehen dürfen. Zusätzlich können Sie den Personen auch noch die Erlaubnis zum Ändern des Kalenders geben. Damit können z. B. Familienmitglieder oder Arbeitsgruppen ihre Termine gemeinsam verwalten. Um nun eine Person für den Kalender freizugeben, müssen Sie auf das Pluszeichen links unten klicken und die iCloud-E-Mail-Adresse des Gegenübers angeben und dann noch die *Zugriffsrechte* einstellen.

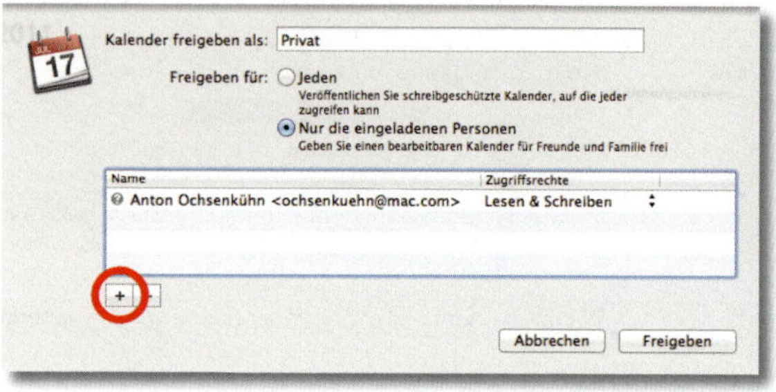

Ein Kalender wird für eine bestimmte Person freigegeben.

Nachdem Sie auf ***Freigeben*** geklickt haben, erhalten die angegebenen Personen eine Einladung sowohl per E-Mail als auch direkt in iCal. Diese Einladung muss dann nur noch bestätigt werden. Der abonnierte bzw. freigegebene Kalender wird dann mit einem speziellen Symbol in der Kalenderliste gekennzeichnet.

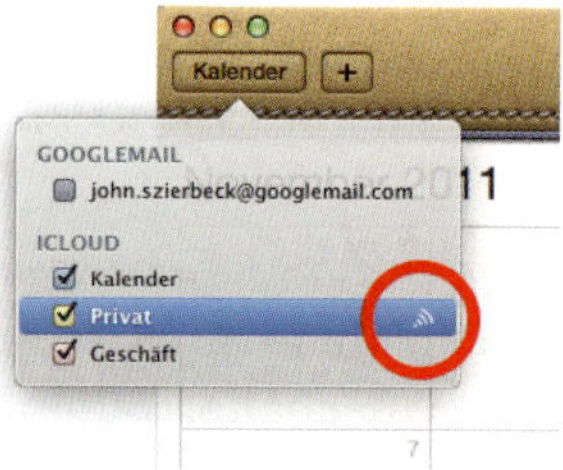

Eingeladene Personen erhalten u. a. in iCal einen Hinweis auf das Abonnieren eines Kalenders (links). Freigegebene bzw. abonnierte Kalender können an einem Symbol erkannt werden (rechts).

Kalender können auch über das Web-Modul von iCloud freigegeben werden. Melden Sie sich über einen Internetbrowser bei icloud.com an und wechseln zur Kalender-Funktion. Dort klicken Sie auf das Symbol , um die Liste mit dem Kalender einzublenden. Anschließend klicken Sie nur auf das Freigabesymbol , das hinter jedem Kalender angezeigt wird. Dadurch werden die Freigabeoptionen für den Kalender geöffnet. Wie bei iCal auf dem Mac können Sie nun festlegen, für wen der Kalender sichtbar sein soll.

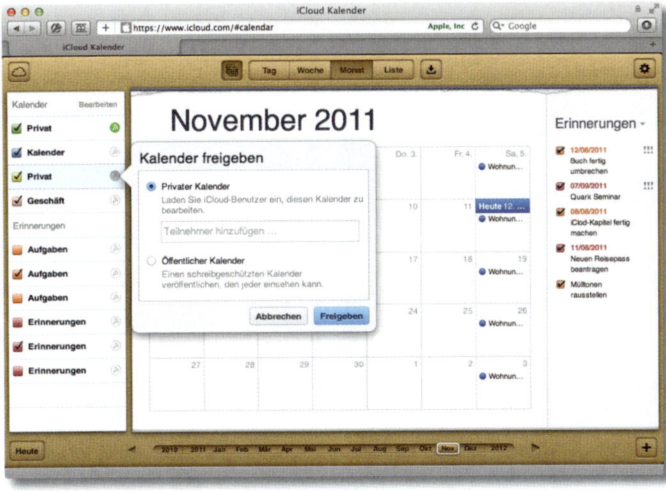

Kalender können auch bei icloud.com freigegeben werden.

- **Auch die Erinnerungen können für andere Personen zugänglich gemacht werden. Die Vorgehensweise ist die gleich, wie bei Kalendern.**

Erinnerungen

Mit iOS 5 hat die App *Erinnerungen* Einzug auf dem iPad und iPhone gehalten. In dieser App können Sie Aufgaben und Erinnerungen eintragen und bei Erledigung derselben diese dann abhaken wie bei einer handschriftlichen Liste. Die Erinnerungen können auf dem iPhone zeit- oder ortsbezogen eingestellt werden. Wenn Sie z. B. das Haus verlassen, kann Ihr iPhone Sie daran erinnern, das Garagentor zu schließen oder die Mülltonnen rauszustellen.

Erinnerungen können ortsabhängig definiert werden.

Soll eine Erinnerung eine ortsabhängige Information erhalten, so tippen Sie auf die Zeile *Erinnerung*. Verwenden Sie anschließend die Schieberegler *An einem Tag* für eine terminliche Erinnerung bzw. *An einem Ort* für eine zusätzliche örtliche Erinnerung. Wählen Sie im darauffolgenden Dialog aus, ob Sie *Beim Verlassen* oder *Bei der Ankunft* erinnert werden wollen. Und natürlich muss dann noch ein Ort zugewiesen werden (*Aktueller Ort*). Via *Adresse auswählen* haben Sie Zugriff auf die Adressbuchdaten innerhalb der Kontakte-App.

Mithilfe von iCloud lassen sich die Erinnerungen bzw. Aufgaben zwischen iPhone, iPad, Mac und Windows synchronisieren.

Erinnerungen und Aufgaben, die am iPhone oder iPad eingetragen sind …

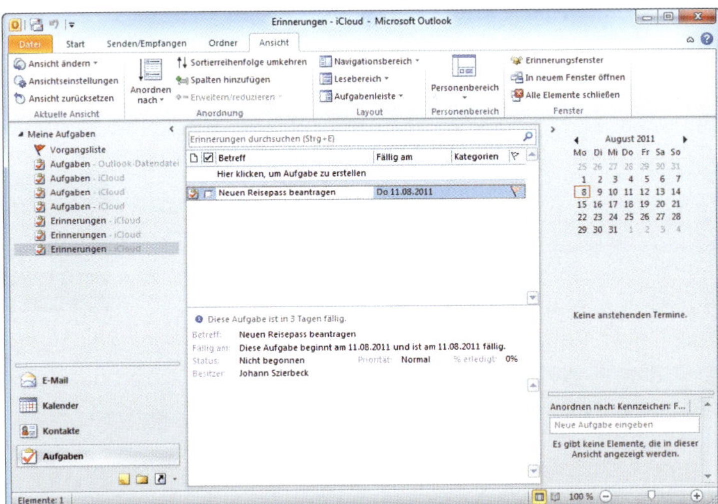

… werden auch in Microsoft Outlook 2010 aufgelistet.

Lesezeichen/Leseliste bzw. Favoriten

Die Lesezeichen von Safari bzw. Favoriten des Internet Explorers unter Windows sind weitere Eigenschaften, die mit iCloud zwischen den Geräten abgeglichen werden können. Dabei werden nicht nur die Lesezeichen, sondern auch die *Leseliste* in Safari berücksichtigt. Seit OS X Lion bzw. iOS 5 hat Safari eine neue Funktion, genannt Leseliste, spendiert bekommen. Mit einer Leseliste kann man interessante Internetseiten für ein späteres Lesen in einer Liste zusammenfassen. Wenn Sie also z. B. beim Surfen eine interessante Seite finden, aber momentan keine Zeit zum Lesen haben, können Sie die Seite in die Leseliste hinzufügen und zu einem späteren Zeitpunkt lesen.

Wie auch bei allen Funktionen von iCloud werden die Lesezeichen bzw. die Leseliste sofort mit den anderen Geräten synchronisiert, sobald sich etwas daran ändert.

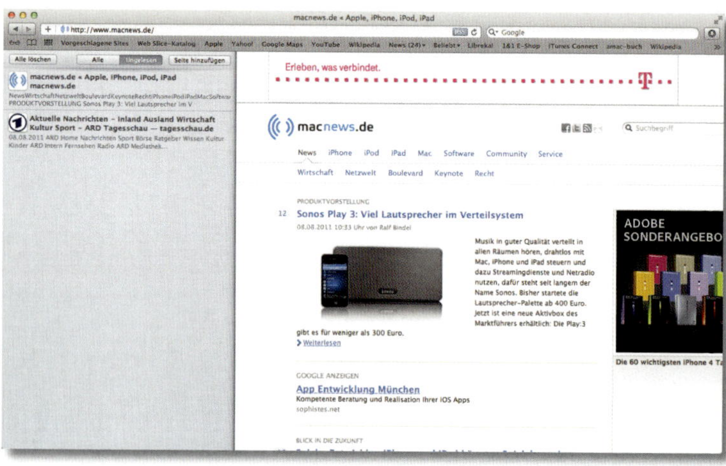

Die Leseliste von Safari am Mac …

... wird sofort mit Safari auf dem iPhone abgeglichen.

Die Windows-Anwender können für die Lesezeichen bzw. Favoriten noch etwas Besonderes einstellen. In der iCloud-Systemsteuerung können Sie entscheiden, ob die Lesezeichen von Safari oder die des Internet Explorers für den Datenabgleich verwendet werden sollen. Ein Mausklick auf *Optionen* öffnet ein zweites Fenster, wo sich der Windows-Anwender zwischen Internet Explorer und Safari entscheiden muss.

Unter Windows können die Favoriten des Internet Explorers verwendet werden.

- **Zurzeit werden nur die beiden Internetbrowser Safari (Mac und Windows) und der Internet Explorer (Windows) von iCloud unterstützt. Die Lesezeichen von Firefox bleiben bei iCloud außen vor.**

Notizen

Wenn Sie auf dem iPhone eine neue Notiz erstellen, wird diese unmittelbar danach auf dem iPad, auf dem Mac im Programm Mail und unter Windows in Outlook verfügbar sein. Im Programm Mail finden Sie in der linken Spalte eine eigene Kategorie mit dem Namen *Notizen*. Dort tauchen die Notizen vom iPhone bzw. iPad auf.

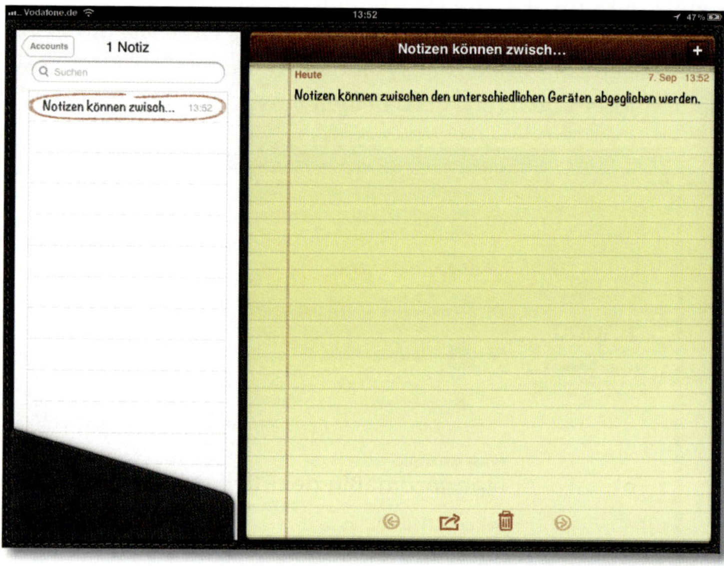

Notizen vom iPhone oder iPad ...

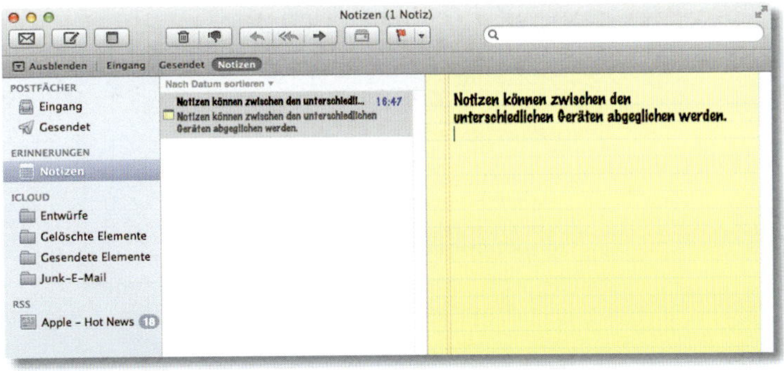

... werden mit dem Programm Mail auf dem Mac abgeglichen.

Fotostream

Hinter dem Schlagwort *Fotostream* verbirgt sich der Datenabgleich von Bildern zwischen den Geräten. Das Überspielen von Fotos von und auf das iPhone/iPad war bisher immer eine mühselige Sache, weil man die Geräte jedesmal per USB-Kabel an den Rechner anschließen und eine Anwendung starten musste, wie z. B. iPhoto. Dieser Vorgang entfällt nun mit iCloud. Fotografien, die mit der iPhone- oder iPad-Kamera gemacht wurden, werden automatisch zur iCloud übertragen und an die anderen Geräte weitergeleitet. Die neuen Fotos sind also sofort in iPhoto verfügbar. Umgekehrt funktioniert das natürlich genauso: Wenn in iPhoto neue Bilder hinzugefügt werden, können Sie entscheiden, ob diese an das iPhone bzw. iPad übertragen werden sollen.

- **Da Fotostream standardmäßig deaktiviert ist, müssen Sie zuerst unter** Einstellungen –> iCloud **die Funktion auf dem iPhone/iPad/iPod touch einschalten. Das trifft auch auf iPhoto für den Mac zu. Unter** iPhoto –> Einstellungen –> Fotostream **muss die Option** Fotostream aktivieren **eingeschaltet werden**

In iPhoto auf dem Mac muss Fotostream aktiviert werden.

Sie können bis zu 1000 Bilder per Fotostream mit den anderen Geräten teilen. Dabei werden immer die Bilder der letzten 30 Tage synchronisiert.

Deshalb sollten Sie die Bilder stets aus dem Fotostream herausbewegen, um diese dauerhaft zu speichern. Am Mac verwenden Sie iPhoto oder Aperture und ziehen die Bilder aus dem Fotostream-Bereich einfach in die Mediathek. Am PC sollten die Bilder von den Ordnern in andere übertragen werden.

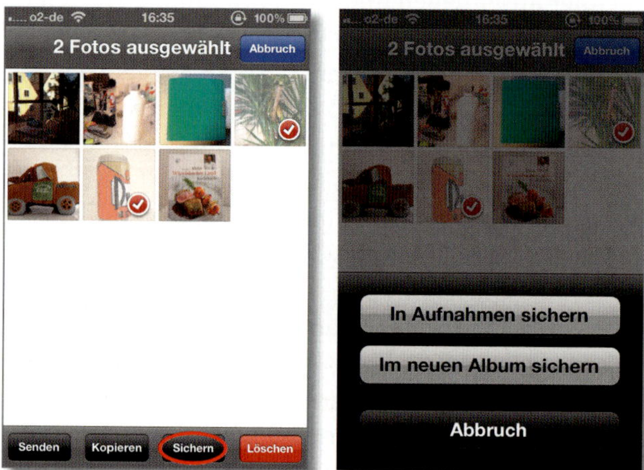

Fotostream-Bilder sollten ab und an gesichert werden.

Gehen Sie hierfür in das Fotostream-Album und wählen Sie die Funktion [Symbol] aus. Markieren Sie dann alle Bilder, die sie in Sicherheit bringen wollen, und tippen dann auf den Button *Sichern*, um entweder ein neues Album (*In neuem Album sichern*) mit diesen Fotos zu erstellen, oder es in den Aufnahmen (*In Aufnahmen sichern*) zu sichern.

Die Fotostream-Funktion findet man auf dem iPhone bzw. iPad in der App *Fotos*. Dort gibt es einen eigenen Bereich mit dem Namen *Fotostream*. In diesem Bereich werden die Bilder aufgelistet, die mit den anderen Geräten synchronisiert sind.

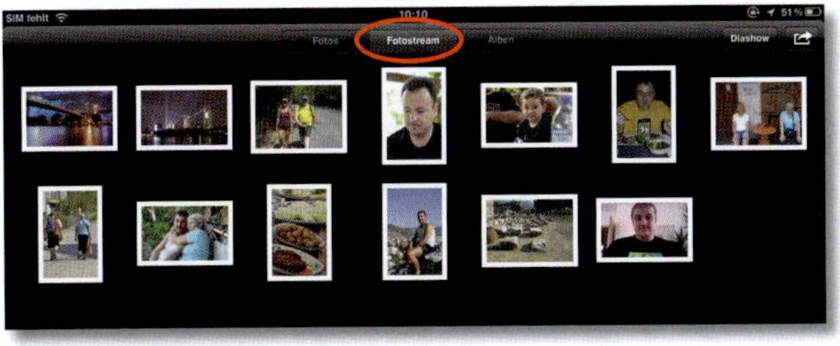

Fotostream auf dem iPad …

… und iPhoto am Mac.

Beim iPhone bzw. iPad werden neue Bilder bzw. Aufnahmen sofort auch in den Bereich ***Fotostream*** für die Übertragung zur iCloud hinzugefügt, nicht aber bei iPhoto auf dem Mac. Wenn Sie Bilder von iPhoto zu Fotostream hinzufügen wollen, müssen Sie diese per Drag and Drop in den Fotostream-Bereich verschieben. Dadurch werden die ausgewählten Bilder sofort zur iCloud hochgeladen und sind dann für iPhone und iPad verfügbar.

Bilder von iPhoto können einfach zu „Fotostream" hinzugefügt werden.

Windows-Anwender müssen etwas anders vorgehen, um die Fotostream-Funktion zu nutzen. Da es iPhoto für Windows nicht gibt, nutzt iCloud einen speziellen Ordner für die Verwaltung von Fotostream-Bildern. Bei der Installation von iCloud bzw. Aktivierung der Fotostream-Funktion wird im Ordner ***Eigene Bilder*** des Benutzers ein Unterordner mit dem Namen ***Photo Stream*** erstellt. Dieser enthält zwei weitere Ordner, die für den Down- und Upload der Bilder verwendet werden.

Sie können entweder mit diesen Ordnern arbeiten oder eigene Ordner festlegen. In der iCloud-Systemsteuerung von Windows kann man die beiden Ordner ändern. Ein Mausklick auf *Optionen* bei der Funktion *Fotostream* öffnet ein Fenster, in dem die Ordner geändert werden können.

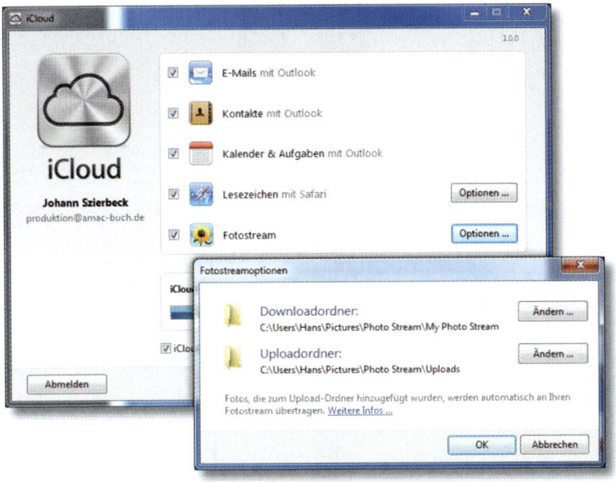

Windows verwendet zwei Ordner, um die Bilder für Fotostream zu verwalten.

Wollen Sie also unter Windows ein Bild zur iCloud per Fotostream übertragen, müssen Sie das gewünschte Bild nur in den Upload-Ordner verschieben bzw. kopieren. Das Bild wird dadurch sofort zu iCloud und damit zu den anderen Geräten übertragen.

- **Um die Bilder im Fotostream zu löschen, wählen Sie hierfür einen Browser und gehen zu icloud.com. Geben Sie dort Ihre Daten ein. Am oberen Rand erscheint dann Ihre Apple-ID. Klicken Sie darauf, um Ihre Accountdaten anzeigen zu lassen. Via Erweitert bekommen Sie die Funktion, den Fotostream komplett zu leeren. Seit iOS 5.1 können auch einzelne Fotos auf dem iPhone bzw. iPad gelöscht werden. In der Foto-App müssen Sie die Bilder im Fotostream-Album auswählen und dann auf Löschen tippen.**

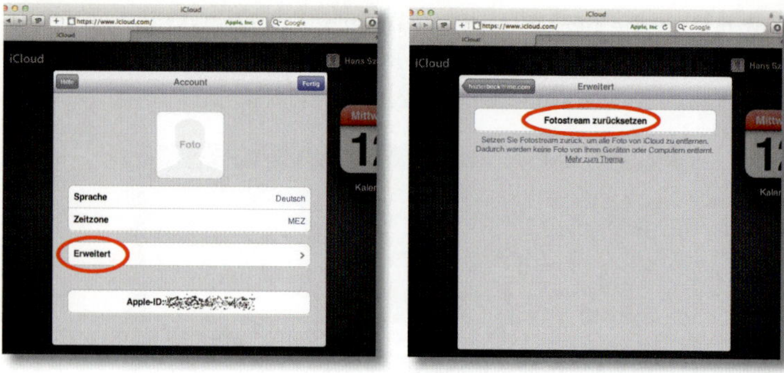

Via icloud.com kann der Fotostream zurückgesetzt werden.

Auch beim Apple TV kommen die gestreamten Bilder an. Im Bereich *Internet –> Fotostream* sind diese zu sehen. Wichtig hierbei ist, dass am Apple TV die Apple-ID des iCloud-Accounts verwendet wird.

Dokumente und Dateien

Auch Dokumente und Dateien von Apps lassen sich mit iCloud synchronisieren. Allerdings müssen die jeweiligen Apps die iCloud-Funktion unterstützen. Mit der Zeit werden die App-Hersteller diese Funktion in ihre Apps integrieren und der iCloud-Datenabgleich bleibt dann nicht auf Apps von Apple beschränkt. Das beste Beispiel ist das iWork-Paket Pages, Keynote und Numbers. Diese Apps können ihre Dokumente über iCloud mit anderen Geräten synchronisieren.

Die iCloud-Funktion für iWork muss allerdings in den *Einstellungen* beim iPhone bzw. iPad speziell aktiviert werden. Es reicht nicht aus, in den iCloud-Einstellungen die Funktion *Dokumente & Daten* zu aktivieren. Die iWork-Apps benötigen noch zusätzliche Einstellungen. In den jeweiligen Einstellungen muss die Option *iCloud verwenden* aktiviert sein. Nur so können die drei Apps ihre Dokumente bei iCloud sichern.

Für die iWork-Apps muss die iCloud-Funktion aktiviert werden.

- **Dokumente & Daten werden, wie bei den anderen Funktionen auch, über ein Wi-Fi-Netz mit iCloud synchronisiert. Zusätzlich kann für diese Funktion aber noch das Mobilfunknetz verwendet werden. Sie müssen dazu auf dem iPhone bzw. iPad bei Einstellungen –> iCloud –> Dokumente & Daten die Option Mobiles Netz einschalten. Beachten Sie dabei aber, dass eventuell Kosten für die Datenübertragung anfallen können.**

Bei „Dokumente & Daten“ kann auch das Mobilfunknetz für den Datenabgleich verwendet werden.

Die Synchronisation per *Dokumente & Daten* ist den Mac-Anwendern vorbehalten. Zurzeit gibt es für Windows bei iCloud keine Funktion dafür.

Mein iPad/iPhone/Mac suchen

Ein besonderes Highlight von iCloud, das es auch schon bei MobileMe gab, ist das Auffinden von vergessenen, verlorenen oder gestohlenen iPhones oder iPads. Zum Auffinden der Geräte werden z. B. beim iPhone GPS, das Mobilfunknetz und registrierte Wi-Fi-Hotspots verwendet. Allerdings müssen die Geräte richtig vorbereitet sein, damit man sie mit der Web-Applikation von iCloud auffinden kann.

Vorbereitungen für iPhone und iPad

Auf dem iPhone und iPad müssen zuallererst die *Ortungsdienste* in den *Einstellungen* aktiviert werden. Die Ortungsdienste gewährleisten, dass die Geräte über GPS, Mobilfunknetz und Wi-Fi ihren ungefähren Standort berechnen können.

Die Ortungsdienste werden zum Auffinden der Geräte benötigt.

Als Nächstes müssen Sie noch zusätzlich die Funktion *Mein iPad suchen* bzw. *Mein iPhone suchen* bei *Einstellungen –> iCloud* aktivieren. Damit erlauben Sie der Web-Applikation von iCloud, das Gerät anhand der Ortungsdienste aufzufinden.

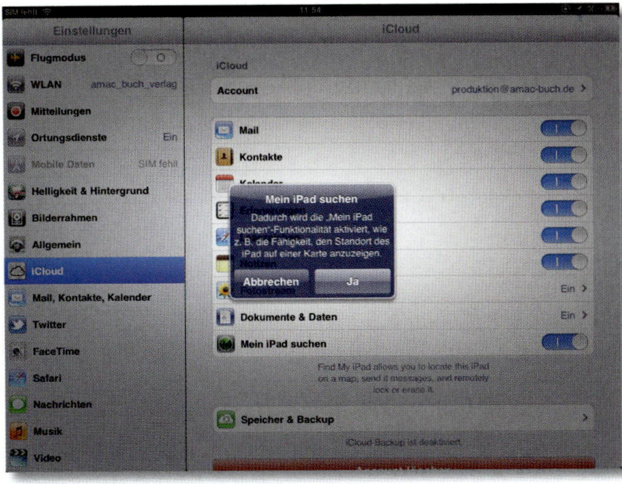

In den iCloud-Einstellungen muss die Option „Mein iPad suchen" aktiviert werden.

Jetzt müssen Sie noch kontrollieren, ob die *Push-Funktion* bei *Einstellungen –> Datenabgleich* aktiviert ist (siehe Abschnitt weiter vorne). Ist dies der Fall, steht dem Auffinden des iPhones bzw. iPads über die Web-Applikation von iCloud nichts mehr im Wege.

Vorbereitungen für den Mac

Mit iCloud ist es nun auch möglich, einen Mac ausfindig zu machen, was mit MobileMe bisher nicht ging. Im Gegensatz zu den mobilen Geräten hat ein Mac aber kein GPS oder eine eingebaute Verbindung zum Mobilfunknetz. Wie kann der Mac also gefunden werden? Über die Wi-Fi-Hotspots lautet die Antwort. Sobald der Mac über Wi-Fi ins Internet geht, ist seine ungefähre Position lokalisiert. Das Gleiche trifft zu, wenn man einen Surfstick verwendet. Dieser baut die Internetverbindung ja über das Mobilfunknetz auf. Anhand dieser Tatsachen kann also auch ein Mac aufgespürt werden.

Auf dem Mac muss in den iCloud-Einstellungen die Funktion „Meinen Mac suchen" eingeschaltet werden.

Damit das passiert, muss am Mac eine spezielle Funktion aktiviert werden. Damit wird auch verhindert, dass Ihr Mac ungewollt aufgespürt wird. In den *Systemeinstellungen* bei *iCloud* finden Sie die Option *Meinen Mac suchen*. Wenn Sie diese einschalten, kann Ihr Mac ab sofort über die Web-Applikation von iCloud gefunden werden. Mehr muss am Mac nicht gemacht werden.

Die Geräte suchen mit der Web-Applikation

Wenn nun der Fall eingetreten ist, dass Sie Ihre Geräte auffinden wollen, müssen Sie sich ins Internetportal *www.icloud.com* mit Ihrer Apple-ID einloggen. Nach dem Einloggen stehen Ihnen verschiedene Web-Applikationen, unter anderem auch *Mein iPhone suchen*, zur Verfügung.

Die Web-Applikationen von www.icloud.com.

Sobald Sie die Web-Applikation *Mein iPhone suchen* öffnen, beginnt die Suche nach Ihren Geräten. Die Suche kann unter Umständen einige Zeit dauern.

- **Die Web-Applikation heißt zwar „Mein iPhone suchen", aber damit werden auch iPads und Macs lokalisiert.**

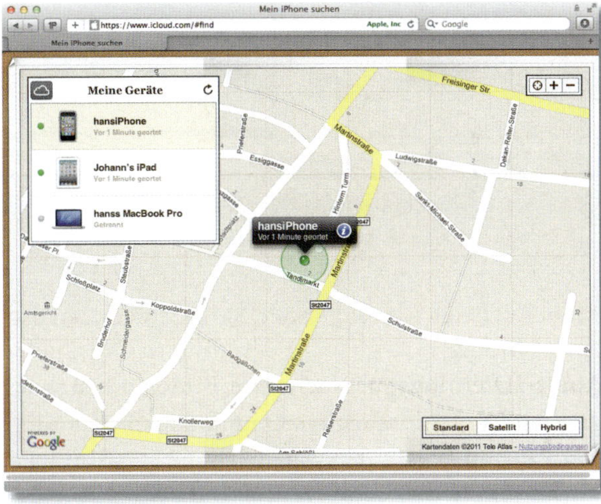

Das iPhone und das iPad wurden gefunden, das MacBook Pro hat den Ortungsdienst ausgeschaltet und wird deshalb nicht gefunden.

In der Ecke links oben werden alle Geräte aufgelistet, die mit Ihrer Apple-ID registriert wurden. Um eines der Geräte auf der Karte zu sehen, müssen Sie es nur anklicken. Ein grüner, blinkender Punkt auf der Karte zeigt den Standort des ausgewählten Geräts an. Wenn Sie auf das Info-Symbol klicken, erhalten Sie weitere Funktionen.

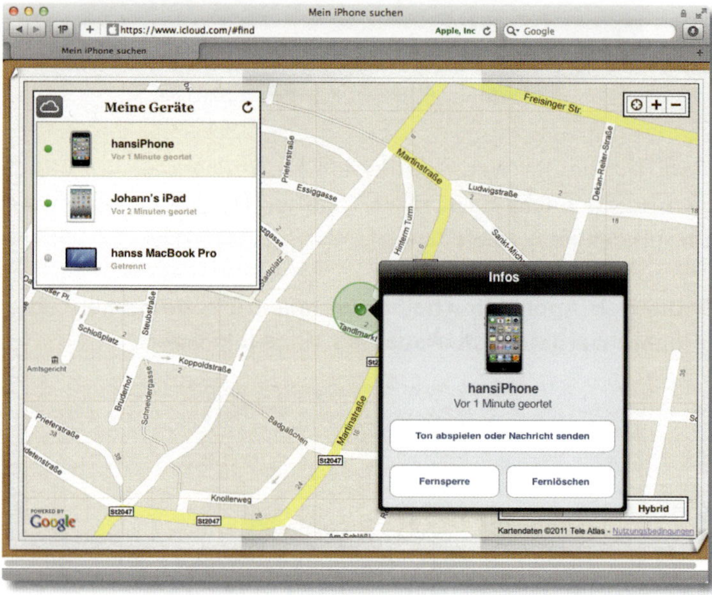

Weitere Funktionen für das gefundene Gerät.

Im Infobereich des Geräts können Sie die folgenden drei Funktionen ausführen:

- *Ton abspielen oder Nachricht senden:* Damit können Sie auf dem Gerät eine Nachricht einblenden und/oder einen Alarmton abspielen. Die Nachricht ist z. B. sinnvoll, wenn Sie das iPhone irgendwo vergessen haben und Sie wollen dem Finder eine Nachricht zukommen lassen.

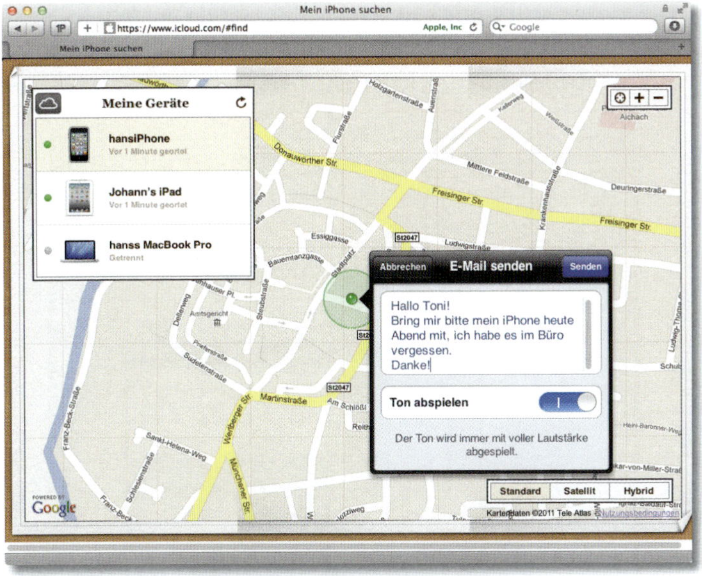

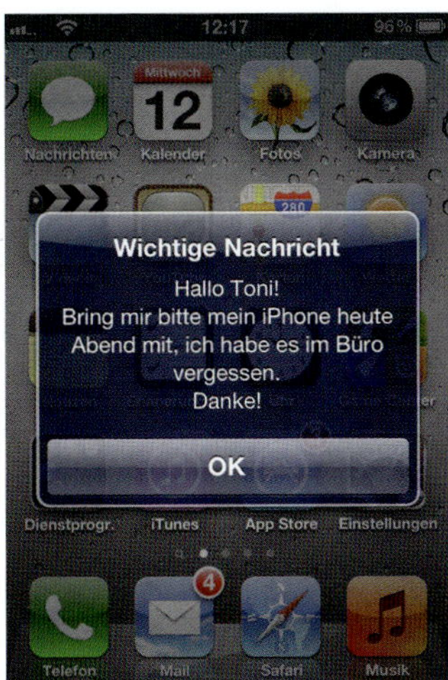

An das iPhone wird eine Nachricht gesendet, die dann auf dem Display erscheint.

- *Fernsperre:* Damit können Sie das Gerät sperren. Es kann dann nur durch einen vierstelligen Code, den Sie direkt eingeben können, wieder entsperrt werden.

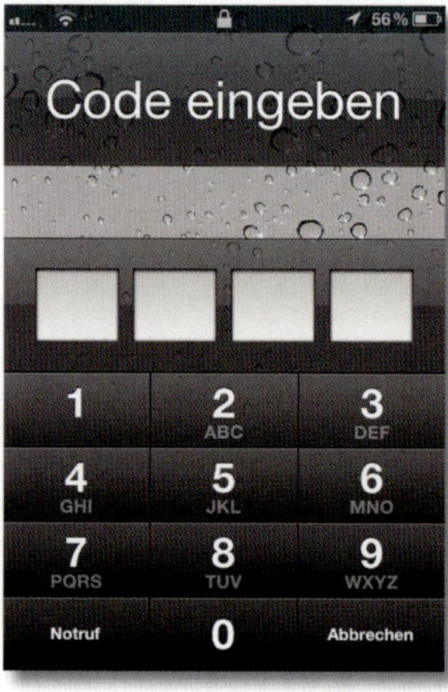

Das Gerät wird durch einen vierstelligen Code gesperrt.

- **Falls Sie auf Ihrem Gerät bereits eine Code-Sperre eingerichtet haben (Einstellungen –> Allgemein –> Code-Sperre), wird zum Entsperren der dort angegebene Code verwendet.**

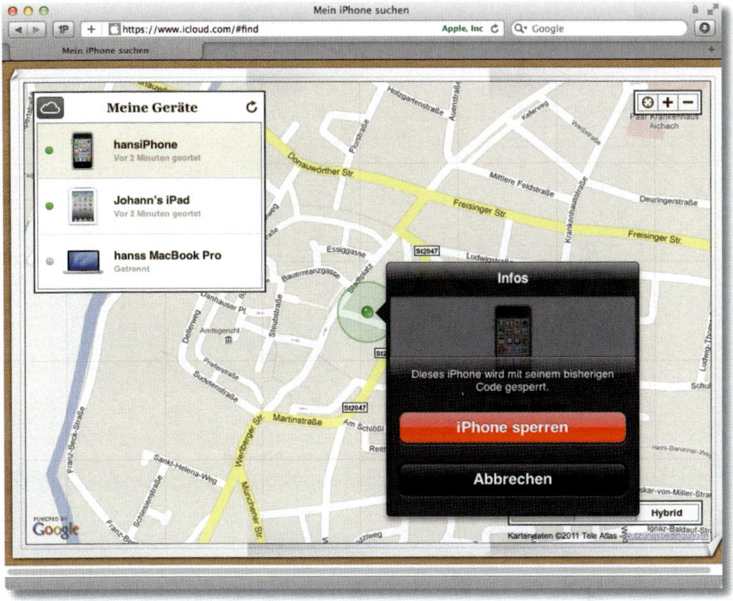

Ist bereits eine Code-Sperre am Gerät eingerichtet, wird dieser Code verwendet.

– *Fernlöschen:* Damit werden die Daten auf Ihrem Gerät gelöscht. Dabei wird der gesamte Inhalt gelöscht und das Gerät kann nicht mehr verwendet werden. Eine hilfreiche Funktion, wenn Ihr Gerät gestohlen wurde.

Die gesamten Daten auf dem Gerät können gelöscht werden.

Insgesamt gesehen ist *Mein iPhone suchen* eine hervorragende Funktion, um verlorene, vergessene und gestohlene Geräte wiederzufinden oder vor unerlaubtem Zugriff auf die Daten zu schützen.

Übrigens gibt es sowohl für das iPhone als auch das iPad eine App namens „Mein iPhone suchen“, mit der ebenfalls die vorhin genannten Funktionen ausgeführt werden können.

Die App „Mein iPhone suchen" kann ebenfalls auf entfernte Geräte zugreifen.

Backups iPad/iPhone

Bisher wurden Backups von iPhone und iPad immer lokal auf einem Rechner gespeichert bzw. erstellt, sobald das Gerät angeschlossen, iTunes gestartet und beides miteinander synchronisiert wurde. Diesen Vorgang kann man nach wie vor durchführen oder die Backups in Zukunft bei iCloud hinterlegen.

Backups können entweder in der iCloud oder lokal mit iTunes erstellt werden.

Welche Daten werden gesichert?

Folgende Dinge werden beim Backup gesichert:

- Gekaufte Musik, Filme, Apps und Bücher,
- Aufgenommene Fotos und Videos ,
- Geräteeinstellungen,
- Appdaten,
- Homescreen und Anordnung von Apps,
- Nachrichten (iMessage, MMS und SMS),
- Alarmtöne.

Beim Backup werden nicht die eigentlichen Daten der Musiktitel, Filme, Apps und Bücher gesichert, sondern nur dessen Erwerb. In der iCloud wird also lediglich eine Liste der erworbenen Musiktitel, Filme, Apps und Bücher gespeichert. Beim Zurückspielen des Backups auf das Gerät werden diese Sachen dann automatisch vom iTunes- bzw. App-Store wieder heruntergeladen (siehe Abschnitt „Aus Backup wiederherstellen“ weiter hinten in diesem Kapitel).

Wenn man kurz darüber nachdenkt, ist dieses Konzept sehr vernünftig. Erstens hat man nur einen begrenzten Speicherplatz bei iCloud und zweitens dauert die Übertragung von Hunderten von Musik- und Filmtiteln sehr lange.

Einstellungen

In den *Einstellungen* bei *iCloud* auf dem iPhone bzw. iPad befindet sich die Funktion *Speicher & Backup*. Damit kann nicht nur der aktuelle Speicher bei iCloud überprüft und bei Bedarf erweitert, sondern auch vom Gerät ein Backup zu iCloud übertragen werden. Wenn Sie die Funktion *iCloud-Backup* aktivieren, beginnt das Gerät sofort damit seine Daten zu iCloud zu übertragen.

- **Bitte beachten Sie, dass beim Aktivieren des iCloud-Backups bei einer Synchronisierung mit iTunes kein lokales Backup mehr erstellt wird. Die Backups können entweder bei iCloud oder bei iTunes liegen, nicht bei beiden gleichzeitig.**

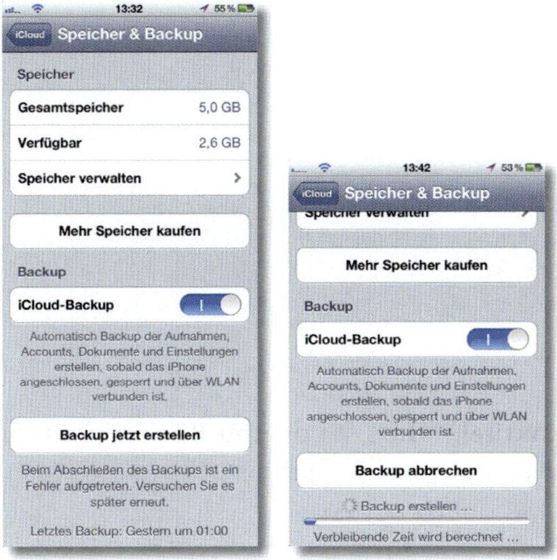

In den iCloud-Einstellungen auf dem iPhone kann der verfügbare Speicherplatz (links) ermittelt und ein Backup (rechts) erstellt werden.

- **Im Regelfall wird alle 24 Stunden automatisch ein Backup des mobilen Geräts erstellt. Dazu mus das iPhone/iPad per Wi-Fi mit dem Internet verbunden und an eine Stromquelle angeschlossen sein.**

Falls der Speicherplatz bei iCloud nicht ausreicht, dann können Sie manuell etwas vom Backup löschen bzw. ausschließen. Dazu öffnen Sie *Einstellungen –> iCloud –> Speicher & Backup –> Speicher verwalten*. Dort können Sie dann feststellen, wie groß die Backups der jeweiligen Geräte sind.

Wie man sehen kann, braucht das Backup des iPads mehr Speicher als das des iPhones.

Um nun ein Backup zu löschen oder bestimmte Dinge beim Erstellen eines Backups auszuschließen, müssen Sie das Backup des gewünschten Geräts antippen. Dadurch gelangen Sie in einen weiteren Bereich, wo nun die einzelnen Backup-Optionen aufgelistet sind und ausgeschaltet werden können. Um z. B. zu verhindern, dass von den Fotos ein Backup gemacht wird, müssen Sie den Schieberegler bei *Aufnahmen* nach links bewegen.

Damit wird das vorhandene Backup der Fotos gelöscht und auch in Zukunft keines mehr erstellt. Etwas weiter unten finden Sie auch eine Schaltfläche, um das Backup zu löschen.

Die Optionen für das Backup (links). Beim Deaktivieren einer Option werden die betreffenden Daten sofort gelöscht (rechts).

Backup wiederherstellen

Wie kann man das iCloud-Backup zur Wiederherstellung eines Geräts nun nutzen? Ein Gerät kann von einem iCloud-Backup wiederhergestellt werden, wenn es komplett gelöscht bzw. auf die Werksfunktionen zurückgesetzt wurde. Falls Sie also einmal gezwungen sind, das iPhone oder iPad komplett zu löschen, können Sie nach dem Aufspielen des iOS das Gerät mithilfe des iCloud-Backups wiederherstellen.

- **Um ein iPhone oder iPad komplett zu löschen, wählen Sie den folgenden Menüpunkt aus: Einstellungen -> Allgemein -> Zurücksetzen -> Inhalte und Einstellungen löschen.**

In den Einstellungen kann ein mobiles Gerät komplett gelöscht werden.

Nachdem das Gerät neu gestartet ist, meldet sich das iPhone bzw. iPad mit dem Begrüßungsbildschirm und fordert Sie auf, das Gerät zu konfigurieren. Nach der Angabe der Sprache, der Wi-Fi-Verbindung und anderen Einstellungen gelangen Sie zu einem Bildschirm, wo Sie nach der Konfiguration und Wiederherstellung des Geräts gefragt werden. Sie haben die Auswahl, das Gerät als *Neu* zu konfigurieren oder es aus einem *iCloud-Backup* oder mit *iTunes* wiederherzustellen.

Das iPhone wird vom iCloud-Backup wiederhergestellt.

Wenn Sie sich nun für *Von iCloud-Backup* entscheiden, nimmt das Gerät über das Internet Kontakt mit iCloud auf und spielt das Backup auf. Dabei werden zunächst alle Einstellungen auf das iPhone/iPad zurückgespielt.

Nach der Eingabe der Apple-ID erfolgt der Zugriff auf die Backups in der iCloud. Via „Ältere Backups zeigen …" erscheint zudem eine Liste weiterer Sicherungen.

Sobald alle Einstellungen übertragen wurden, erfolgt ein Neustart und dann werden die gekauften Apps, die Musik und Videos, die zum Zeitpunkt des Backups vorhanden waren, wieder auf das Gerät überspielt. Dabei werden diese aus dem App Store auf das Gerät geladen. Fertig!

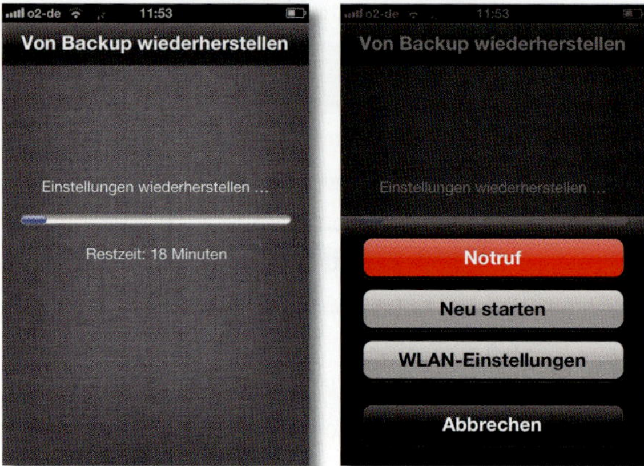

Der Home-Button kann während des Wiederherstellens gedrückt werden und hält einige Notfallfunktionen bereit.

Nach dem Aufspielen des Backups werden die Apps wieder geladen.

- **Musik- und Videodaten, die nicht bei Apple erworben wurden, müssen erneut manuell mit iTunes auf das Gerät übertragen werden.**

Automatischer Download von Musik, Apps und Büchern

Um das Aufspielen von gekaufter Musik, Apps und eBooks noch besser zu machen, können Sie auch in iTunes unter *iTunes –> Einstellungen –> Store* den automatischen Download für *Musik*, *Apps* und *Bücher* aktivieren. Wenn Sie in Zukunft eine neue App erwerben, egal ob auf dem iPhone, iPad oder in iTunes, wird diese dann automatisch auch auf die anderen Geräte bzw. zu iTunes übertragen.

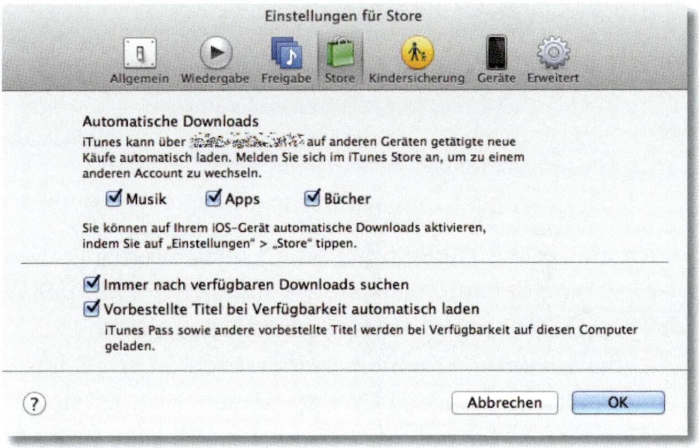

Apps und Bücher können beim Einkauf automatisch mit iTunes und den mobilen Geräten synchronisiert werden.

Damit der automatische Download auch auf dem iPhone und iPad funktioniert, müssen Sie auf den beiden Geräten in den *Einstellungen* bei *Store* noch die diesbezüglichen Optionen aktivieren. Danach steht dem Datenabgleich der Apps und Bücher nichts mehr im Wege.

Auf den mobilen Geräten, wie hier beim iPhone, muss der automatische Download für Apps und Bücher noch aktiviert werden.

Sofern Sie zusätzlich die Eigenschaft *Mobile Daten verwenden* aktivieren, wird der automatische Download nicht nur per Wi-Fi, sondern auch über das Mobilfunknetz funktionieren.

Falls eine gekaufte App nicht automatisch an ein Gerät übertragen wird, können Sie den Download auch manuell durchführen. Dazu müssen Sie auf dem iPhone bzw. iPad den App Store starten und beim iPhone in den Bereich *Updates –> Gekaufte Artikel* und beim iPad nur zu *Gekaufte Artikel* springen. Dort finden Sie dann eine Liste aller gekauften Apps und eine zweite Liste mit den noch nicht installierten Apps. Von dort aus können Sie dann mit einem Fingertipp auf das iCloud-Symbol die App nachträglich installieren.

Apps,die gekauft und noch nicht auf dem iPhone oder iPad installiert sind, können nachträglich über den App Store heruntergeladen werden.

Zudem bietet Apple mit *iTunes Match* die Option an, die gesamte iTunes-Musik, auch wenn diese nicht über den iTunes Store gekauft wurde, auf allen Geräten via iCloud zur Verfügung zu stellen. iTunes Match vergleicht also die Lieder der Bibliothek mit den Songs im iTunes Store und sobald diese dort verfügbar sind, werden die Musikstücke über die iCloud für Ihren Account verfügbar. Dieser Service ist kostenpflichtig und kostet 24,99 Euro pro Jahr und kann in iTunes auf dem Rechner aktiviert werden.

Zugang zu meinem Mac

iCloud hält aber für Anwender mit mehreren Macs noch eine sehr interessante Funktion parat: ***Zugang zu meinem Mac***.

„Zugang zu meinem Mac" ermöglicht den Zugriff aus der Ferne.

Sobald die Funktion aktiviert ist und der Internet-Router (weitere Infos hierzu gegebenenfalls unter ***Mehr***) das unterstützt, kann aus der Ferne mit einem anderen Mac auf den Rechner im Büro oder daheim zugegriffen werden. Neben der Aktivierung dieser Funktion sind noch die Einstellungen in den ***Systemeinstellungen –> Freigaben*** notwendig.

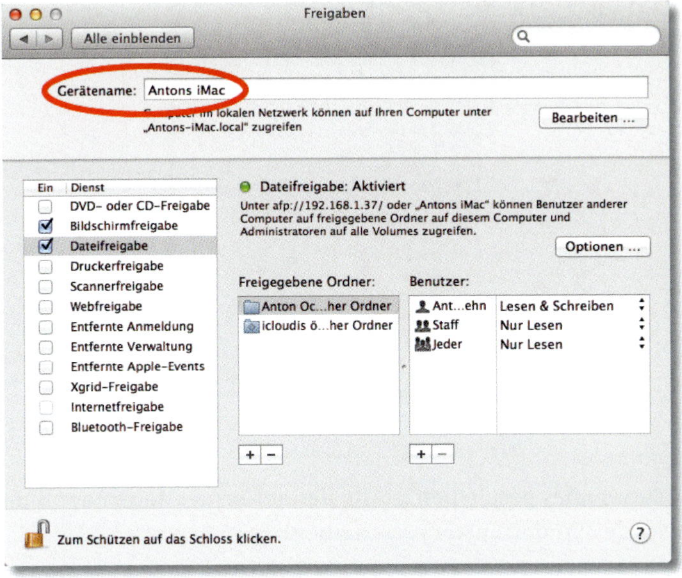

Prüfen und einstellen der Freigabe-Funktionen.

Besonders wichtig ist der *Gerätename*. Mit diesem Namen meldet sich dann der Rechner im Netzwerk. Zudem ist es sinnvoll, sowohl die *Bildschirmfreigabe* als auch die *Dateifreigabe* zu aktivieren. Damit können Sie den Rechner fernsteuern oder auf die dort abgelegten Dateien zugreifen. Bei beiden Freigabediensten sollten Sie im rechten Teil des Fensters noch die Benutzerliste Ihren Bedürfnissen entsprechend anpassen. Zusätzlich müssen Sie bei mobilen Mac noch bei *Systemeinstellungen –> Energie sparen* die Funktion *Ruhezustand bei Wi-Fi-Netzwerkzugriff beenden* bzw. bei stationären Macs *Ruhezustand bei Netzwerkzugriff beenden* aktivieren.

Am anderen Rechner sind zwei sinnvolle Vorbedingungen notwendig, damit der entfernte Zugriff funktioniert:

1. Es muss dort der gleiche iCloud-Account eingetragen sein.
2. Bei *Finder –> Einstellungen –> Seitenleiste* sollte das Häkchen bei *Zugang zu meinem Mac* aktiviert sein.

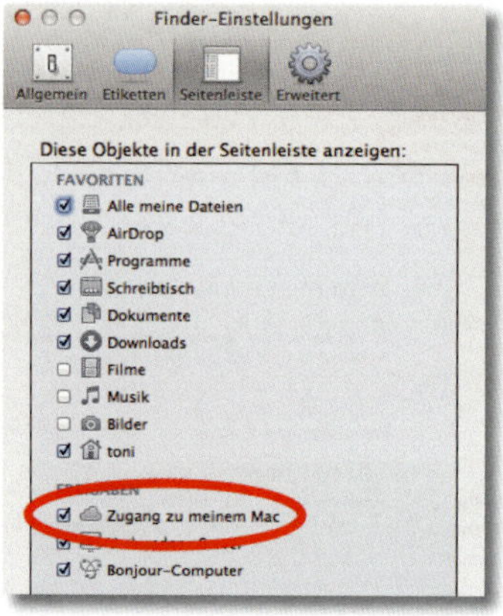

„Zugang zu meinem Mac" erscheint in der Seitenleiste.

Ist das alles geschehen, sollte der entfernte Mac in der Seitenleiste des Finderfensters erscheinen.

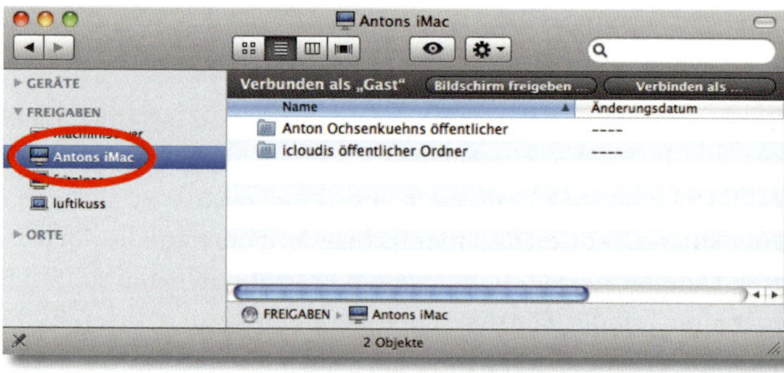

Der entfernte Mac meldet sich.

Nachdem in den Freigaben sowohl die Datei- als auch die Bildschirmfreigabe eingeschaltet ist, kann nun via *Verbinden als* auf die Daten und per *Bildschirm freigeben* auf den Bildschirm des Rechners zugegriffen werden. Geben Sie dann noch die Benutzerdaten ein und schon sind Sie mit dem anderen Computer aus der Ferne verbunden.

- **Falls der Zugriff dennoch nicht klappen will, so sollten auf beiden Seiten die Einstellungen am Router bzw. der Firewall überprüft werden. Die Protokolle NAT-PMP oder UPnP sollten am Router aktiv sein. Sofern Sie eine AirPort Basisstation von Apple verwenden, so finden Sie die Einstellung nach Kontaktaufnahme mit dem AirPort Dienstprogramm im Reiter Internet. Dort ist die Eigenschaft NAT Port Mapping Protocol zu aktivieren.**

Web-Applikationen

iCloud bietet neben dem Datenabgleich der unterschiedlichsten Daten auch ein Internetportal. Unter der Adresse *www.icloud.com* stellt Apple den iCloud-Nutzern einige Web-Applikationen zur Verfügung. Diese können zu jedem Zeitpunkt und mit jedem Internetbrowser genutzt werden. Damit haben Sie z. B. Zugriff auf Ihren E-Mail-Verkehr oder die Kalenderverwaltung für Ihre Termine.

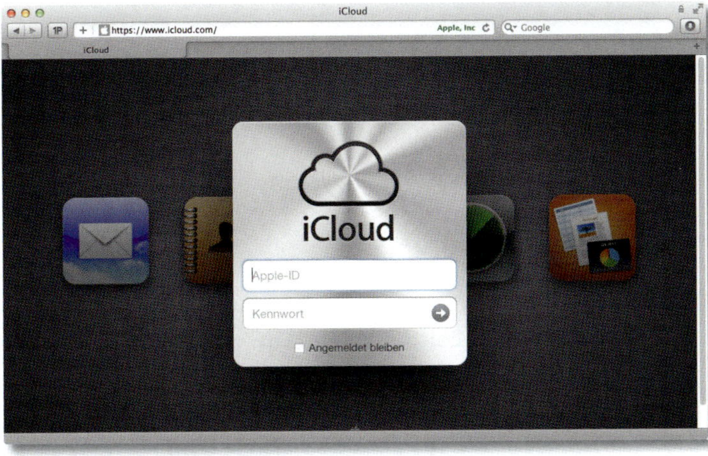

So präsentiert sich das Internetportal von iCloud.

- **iCloud ersetzt den bisherigen, kostenpflichtigen Apple-Dienst MobileMe. Einige der MobileMe-Funktionen sind auch bei iCloud verfügbar, aber nicht alle. So entfällt z. B. die iDisk oder die Fotogalerie. Diese beiden Dienste gibt es bei iCloud nicht mehr.**

Nach dem Anmelden mit einer gültigen Apple-ID gelangen Sie zur Übersichtsseite. Sollten Sie sich zum ersten Mal bei icloud.com einloggen, müssen Sie noch einige Einstellungen vornehmen. Dazu zählen die Sprache, die Zeitzone und, falls Sie es wünschen, ein Bild von Ihnen. Erst danach gelangen Sie zur Übersichtsseite.

Beim ersten Log-in müssen noch ein paar Einstellungen vorgenommen werden.

- **Die Einstellungen zur Sprache, Zeitzone und dem Bild können Sie zu jedem Zeitpunkt ändern. Klicken Sie dazu auf der Übersichtsseite im oberen Bereich auf Ihren Namen ❻ und dann auf Account anzeigen. Dadurch gelangen Sie zu einem Fenster, das die Daten anzeigt. Dort können diese auch geändert werden.**

Wenn Sie sich nun auf der Übersichtsseite befinden, sehen Sie fünf Web-Applikationen aufgelistet: Mail ❶, Kontakte ❷, Kalender ❸, Mein iPhone suchen ❹ und iWork ❺. Ein Mausklick auf eines der Icons wechselt zur jeweiligen Web-Applikation.

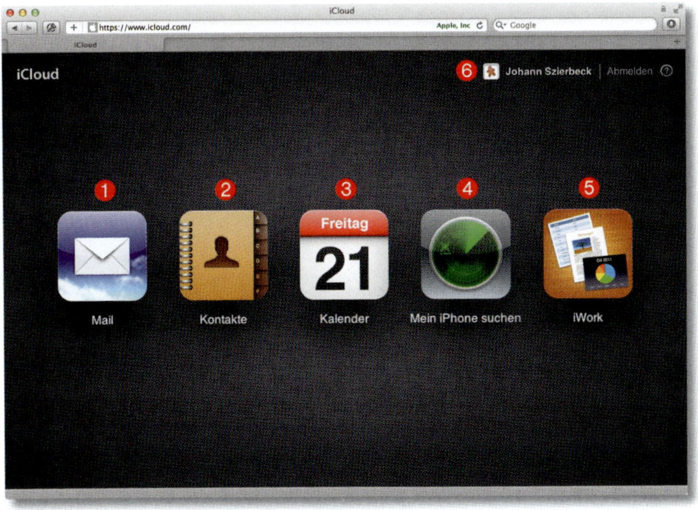

Die Web-Applikationen von iCloud.

Mail

Wie der Name schon sagt, können mit dieser Web-Applikation von iCloud die E-Mails des iCloud-Accounts verwaltet werden. Die Benutzeroberfläche gestaltet sich so ähnlich wie beim Programm *Mail*, das mit jedem Mac ausgeliefert wird. Dementsprechend ist die Handhabung fast identisch.

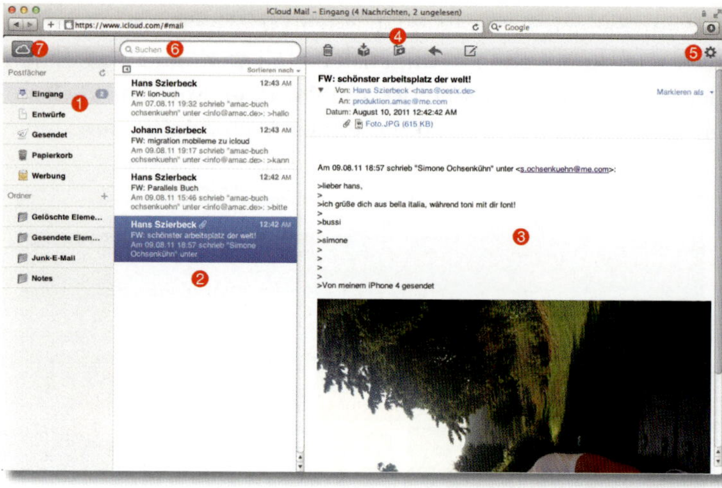

Die Benutzeroberfläche von „Mail" ist so ähnlich wie das gleichnamige Desktop-Programm.

Auf der linken Seite ❶ befinden sich die Ordner für den *Eingang* und den *Ausgang*. In der zweiten Spalte ❷ werden die jeweiligen Inhalte des gewählten Ordners angezeigt. Der rechte Bereich zeigt die Vorschau ❸ einer ausgewählten E-Mail. Im oberen Bereich befindet sich die Symbolleiste ❹, die die verschiedenen Funktionen zum Bearbeiten bzw. Erstellen der E-Mails enthält. Rechts oben in der Ecke ❺ können die Einstellungen für die Web-Applikation geändert werden. Zum schnellen Auffinden von E-Mails wurde auch noch eine Suchfunktion ❻ integriert. Im Großen und Ganzen bedient sich die Web-Applikation Mail wie sein großer Bruder auf dem Mac. Wenn Sie bereits Erfahrung mit der Desktop-Anwendung *Mail* haben, werden Sie sich sehr schnell zurechtfinden.

Wollen Sie wieder zur Übersicht der Web-Applikationen zurück, dann klicken Sie auf das kleine iCloud-Symbol ❼ links oben in der Ecke.

- **Die Web-Applikation Mail von iCloud verwaltet nur die E-Mail-Adresse von iCloud. Beim Einrichten eines neuen iCloud-Zugangs mussten Sie nicht nur eine Apple-ID angeben, sondern erhielten auch noch zusätzlich eine neue E-Mail-Adresse von Apple. iCloud verwaltet nur diese von Apple vergebene E-Mail-Adresse.**

Beim Einrichten eines iCloud-Accounts erhält man auch eine eigene E-Mail-Adresse von Apple.

Kontakte

In der Web-Applikation *Kontakte* kann das Adressbuch von iCloud verwaltet werden. Falls Sie bei den iCloud-Einstellungen auf dem iPhone, iPad oder Rechner den Datenabgleich mit dem Adressbuch aktiviert haben, finden Sie alle Kontakte in der Web-Applikation wieder. Dort können Sie nun die Kontakte nachschlagen, bearbeiten oder neue hinzufügen. Die Benutzeroberfläche entspricht dabei genau dem Aussehen auf dem iPad und dem Mac, weswegen Sie sich sehr schnell zurechtfinden werden.

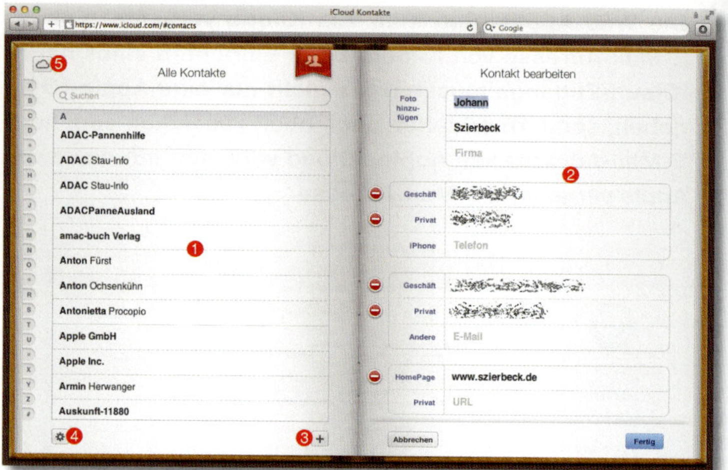

Die Web-Applikation „Kontakte" von iCloud.

Auf der linken Seite ❶ werden die Kontakte alphabetisch aufgelistet. Wenn ein Kontakt ausgewählt ist, erscheinen auf der rechten Seite ❷ die jeweiligen Informationen zum Kontakt. Mit dem kleinen Plussymbol ❸ können neue Kontakte erstellt werden. Links unten ❹ befinden sich die Einstellungen für die Kontakte. Dort können Sie u. a. die Kontakte drucken oder im vCard-Format im- und exportieren. Links oben ❺ geht's wieder zurück zur Übersicht.

- **Wenn Sie die Kontakte in der Web-Applikation ändern bzw. bearbeiten, werden diese natürlich sofort an das iPhone, iPad und den Rechner übertragen. So funktioniert iCloud!**

Kalender

In der Web-Applikation *Kalender* können Sie die Termine verwalten, die Sie mit iCal, Outlook für Windows oder der Kalender-App auf dem iPhone oder iPad erstellt haben. Der Kalender funktioniert genauso wie iCal oder die gleichnamige App auf dem iPad und sieht auch genauso aus.

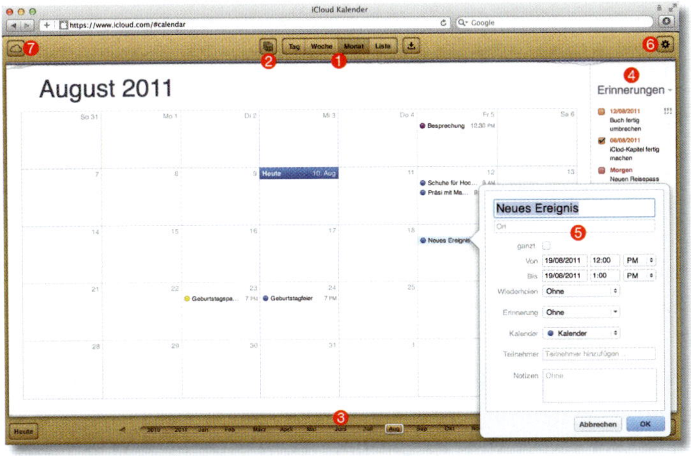

Die Web-Applikation „Kalender" von iCloud.

Im oberen Bereich kann zwischen den verschiedenen Ansichten ❶ gewechselt und die unterschiedlichen Kalender können eingeblendet werden ❷. Im unteren Bereich ❸ kann das Datum gewechselt werden. Auf der rechten Seite ❹ befinden sich die Erinnerungen und können dort auch als erledigt gekennzeichnet werden. Zum Anlegen eines neuen Termin muss man nur einen Doppelklick auf das gewünschte Datum machen. Dadurch öffnet sich ein kleines Fenster ❺, in dem der Termin eingetragen werden kann. Rechts oben ❻ befinden sich die Einstellungen für die Web-Applikation und links oben ❼ gelangt man wieder zurück zur Übersicht.

Wie bei den Kontakten auch, werden neue Termineinträge sofort mit den jeweiligen Endgeräten, die mit iCloud arbeiten, synchronisiert.

Mein iPhone suchen

Mit dieser Web-Applikation können Sie vergessene, verlorene oder gestohlene iPhones, iPads und Macs aufspüren. Eine genaue Beschreibung der Funktion finden Sie weiter vorne in diesem Kapitel.

iWork

Die Web-Applikation *iWork* verwaltet die iWork-Dokumente, die bei iCloud hochgeladen wurden. iWork ist ein Paket von Office-Anwendungen, mit denen man Präsentationen (Keynote), Tabellenkalkulationen (Numbers) und Textverarbeitung und Layouts (Pages) erstellen kann. Das iWork-Paket gibt es sowohl als Desktop-Anwendungen für den Mac als auch für iPhone und iPad.

Mithilfe der Web-Applikation iWork lassen sich die Dokumente des iWork-Pakets zwischen den Endgeräten austauschen. Wenn Sie also z. B. eine Präsentation in Keynote auf dem Mac erstellt haben, können Sie diese zu iCloud hochladen und haben Sie dann sofort auch für das iPad verfügbar.

Dokumente von iWork '09 am Mac lassen sich nicht automatisch in die iCloud laden. Diese müssen entweder per Drag and Drop in die Web-Applikation gezogen oder über das Zahnrad-Symbol ❸ hochgeladen werden. Die nächste Version von iWork für den Mac wird den Upload auf Wunsch automatisch durchführen.

Die Web-Applikation bietet nicht viele Funktionen. Die Benutzeroberfläche ähnelt den iWork-Programmen und bietet eine Übersicht über alle bei iCloud hochgeladenen Dokumente.

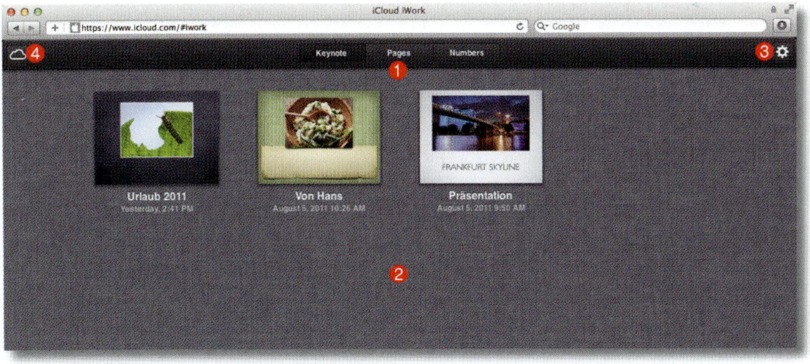

Die Web-Applikation „iWork" von iCloud.

Damit Sie Zugriff auf die Web-Applikation iWork haben, benötigen Sie unbedingt die iOS-Apps von iWork. Diese müssen auf dem iPhone bzw. iPad installiert sein, ansonsten ist Ihnen diese Web-Applikation nicht zugänglich.

Im oberen Bereich ❶ kann man zwischen den drei iWork-Programmen wechseln, um die jeweiligen Dokumente anzuzeigen. Im Hauptbereich ❷ werden die Dokumente mit einer Vorschau der ersten Seite angezeigt. Rechts oben, beim Zahnrad-Symbol ❸, befinden sich wieder die Einstellungen für die Web-Applikation. Links oben, beim iCloud-Symbol ❹, springen Sie wieder zurück zur Übersicht.

Die Web-Applikation ist aber nicht nur dafür da, um Dokumente zwischen den Geräten auszutauschen, sondern Sie können die Dokumente auch als PDF, PowerPoint-, Word- oder Excel-Datei herunterladen. Dazu müssen Sie nur ein Dokument auswählen und das kleine Menü *Download* öffnen, das im Dokument aufgetaucht ist. Dort können Sie sich dann entscheiden, in welchem Dateiformat das Dokument auf den Rechner geladen werden soll.

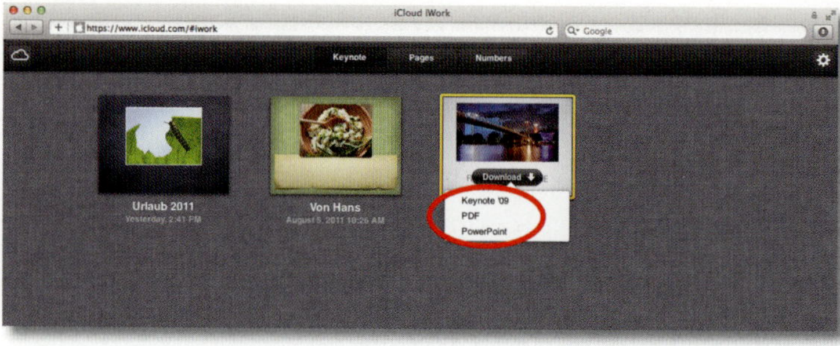

Die iWork-Dokumente können in verschiedenen Formaten heruntergeladen werden.

- **Wie bei den anderen Web-Applikationen auch, werden Änderungen sofort an die anderen Geräte übermittelt. Wenn also z. B. der Name geändert oder eine neue Datei hochgeladen wird, sind diese Änderungen auch auf dem iPhone oder iPad durchgeführt.**

iCloud mit anderen Geräten und Programmen verwenden

Einige der Funktionen von iCloud, wie z. B. das E-Mail-Postfach oder die Kalender, können auch mit anderen Geräten oder Programmen verwendet werden. Während die Apple-Produkte die iCloud-Funktionen selbstständig unterstützen, muss bei anderen Geräten bzw. Programmen die iCloud-Synchronisierung manuell eingestellt werden. Dafür werden die Daten für die jeweiligen Server benötigt, mit denen iCloud arbeitet, also z. B. die Mailserveradressen für die ein- und ausgehenden E-Mails.

Die Daten für den E-Mail-Account lauten folgendermaßen:

- Benutzername: Als Benutzername müssen Sie den Namensteil der me.com-E-Mail-Adresse verwenden, den

Sie beim Einrichten von iCloud konfigurieren mussten. Falls Sie beim Einrichten von iCloud eine Apple-ID verwendet haben, die keine me.com-Adresse ist, wurden Sie aufgefordert, zusätzlich einen Namen bzw. eine Adresse für eine me.com-Adresse anzugeben. Dieser Name muss als Benutzername in den Mail-Programmen verwendet werden.

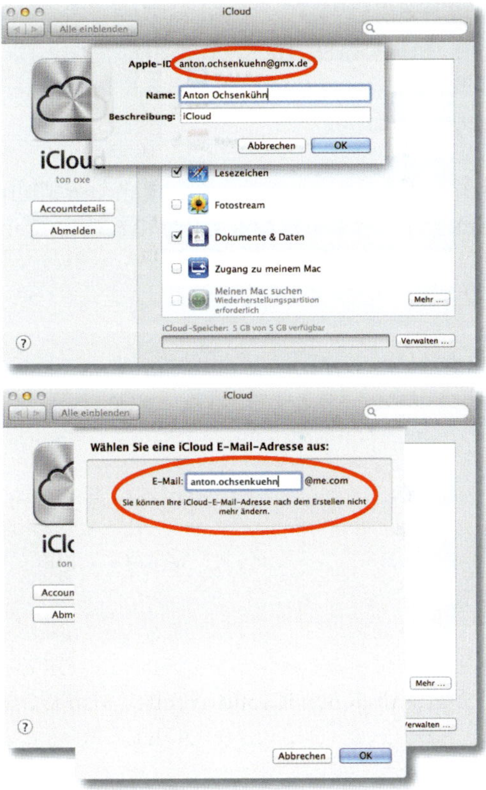

Beim Einrichten von iCloud muss bei Verwendung einer beliebigen E-Mail-Adresse (oben) noch zusätzlich eine me.com-Adresse definiert werden (unten).

- Kennwort: Das ist das Kennwort, das Sie auch für den iCloud-Account bzw. für die Apple-ID verwenden.
- Server für eingehende Mails: *imap.mail.me.com*
- Server für ausgehende Mails: *smtp.mail.me.com*

Die Serveradresse für Kalender lautet folgendermaßen:
- Benutzername und Kennwort vom iCloud-Account
- *caldav.icloud.com*

Und zum Schluss noch die Serveradresse für die Kontakte:
- Benutzername und Kennwort vom iCloud-Account
- *contacts.icloud.com*

Mithilfe dieser Adressen haben Sie auch von älteren Geräten, die z. B. noch mit iOS 4 oder Mac OS X 10.6 Snow Leopard arbeiten, Zugriff auf die Mails, Kalender und Adressen von iCloud.

iCloud entfernen

Natürlich hat Apple in iCloud auch eine Funktion hinzugefügt, die es Ihnen ermöglicht, das iCloud-Konto von den Geräten wieder zu entfernen. Auf dem iPhone oder iPad geht das sehr schnell und einfach, wenn Sie *Einstellungen –> iCloud* öffnen und dort auf die Schaltfläche *Account löschen* tippen.

Der iCloud-Account kann auch wieder gelöscht werden.

Nach dem Antippen der Löschfunktion erhalten Sie eine Meldung mit dem Hinweis, dass alle Fotostream-Bilder und Dokumente, die bei iCloud gesichert sind, von Ihrem Gerät gelöscht werden. Diesen Sicherheitshinweis müssen Sie bestätigen.

Fotostream-Bilder und Dokumente werden vom Gerät gelöscht (links). Was soll mit den anderen Daten von iCloud passieren (rechts)?

Im nächsten Schritt müssen Sie noch entscheiden, was mit den Kontakten, Kalendern, Erinnerungen, Lesezeichen und Notizen passieren soll, die bei iCloud gesichert sind. Sie können diese Dinge von Ihrem Gerät löschen oder behalten. Erst nachdem Sie sich entschieden haben, wird der iCloud-Account von Ihrem Gerät entfernt.

Das Entfernen des iCloud-Accounts auf dem Mac geht auch sehr einfach vonstatten. Öffnen Sie die *Systemeinstellungen* aus dem *Apfel-Menü* und klicken Sie auf *iCloud*. Sie erhalten nun die Einstellungen zu Ihrem iCloud-Account. Wenn Sie auf die Schaltfläche *Abmelden* klicken, wird der iCloud-Account von Ihrem Rechner entfernt.

Durch das Abmelden wird auch der iCloud-Account gelöscht. Sie müssen noch entscheiden, was mit den Daten passieren soll.

Jetzt müssen Sie in mehreren Schritten nur noch entscheiden, was mit den unterschiedlichen Daten, die auf Ihrem Mac von iCloud gesichert wurden, passieren soll. Sie können z. B. entscheiden, ob die Kontakte auf dem Mac verbleiben oder gelöscht werden. Das Ganze verhält sich ähnlich wie beim Löschen des iCloud-Dienstes auf dem iPad oder iPhone.

Haben Sie alle Entscheidungen für die iCloud-Daten auf Ihrem Rechner getroffen, ist der Account gelöscht. Sie können nun durch Eingabe einer anderen Apple-ID einen neuen iCloud-Account einrichten.

Dropbox

Dropbox

Bereits vor iCloud gab es Anbieter, die einen Cloud-Dienst kostenlos zur Verfügung stellten. Der bekannteste von Ihnen ist *Dropbox*. Dieser Dienst stellt dem Anwender kostenlos zwei GByte Speicher in der Cloud zur Verfügung, um Daten bzw. Dateien zwischen den verschiedenen Geräten auszutauschen.

Da iCloud keine Möglichkeit bietet, Dateien mit anderen zu tauschen bzw. für den Download durch andere Anwender freizugeben, so wie es bei MobileMe noch möglich war, ist Dropbox ein perfekter Ersatz dafür.

Download und Installation

Für die Nutzung von Dropbox muss allerdings erst eine Software bzw. eine App installiert werden. Die kostenlose Software ist für Mac, Windows, Linux, iOS- und Android-Geräte verfügbar. Unter der Adresse *www.dropbox.com* kann nicht nur die Software heruntergeladen, sondern auch ein neues Konto eingerichtet werden. Die App für die verschiedenen Mobilgeräte findet man im jeweiligen Store, also dem App Store von Apple oder dem Marketplace bei Android.

Zuerst muss die Software heruntergeladen und installiert werden.

Nach dem Download und der Installation der Software müssen Sie ein neues Konto einrichten. Das kann entweder über die Internetplattform geschehen oder direkt in der installierten Software.

Wenn Sie die Software zum ersten Mal starten, werden Sie gefragt, ob Sie ein neues Konto erstellen wollen. Wenn Sie das bestätigen, öffnet sich eine Eingabemaske, in der Sie Ihre persönlichen Daten, eine gültige E-Mail-Adresse mit Kennwort und einen Namen für den Computer eingeben müssen. Die E-Mail-Adresse, die Sie angeben, ist auch gleichzeitig die ID, mit der Sie sich bei Dropbox anmelden.

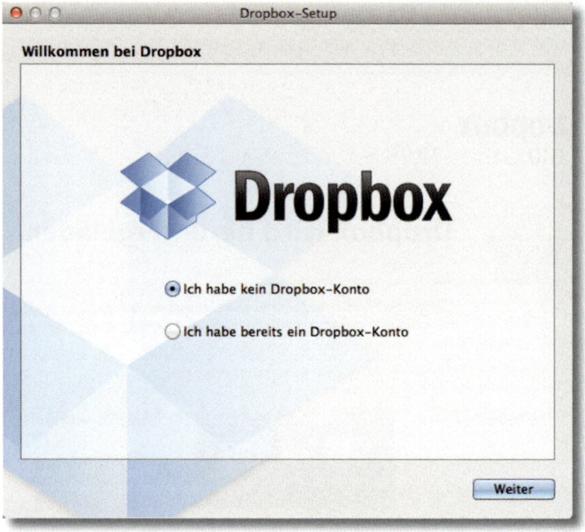

Nach der Installation der Software muss ein neues Konto eingerichtet werden.

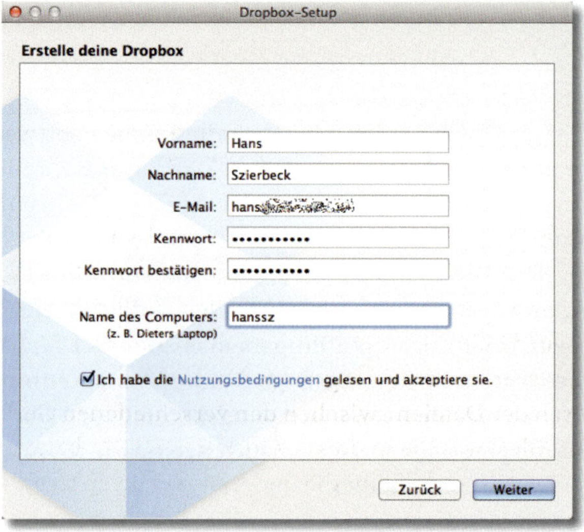

Für das Dropbox-Konto muss eine E-Mail-Adresse angegeben werden.

Im Lauf der Einrichtung werden Sie auch auf ein Fenster treffen, wo Sie entscheiden müssen, wie viel Speicherplatz Sie bei Dropbox haben wollen. Zwei GByte sind kostenlos, ein größerer Speicherplatz muss bezahlt werden. Für 50 GByte werden 9,99 $ und für 100 GByte 19,99 $ pro Monat fällig.

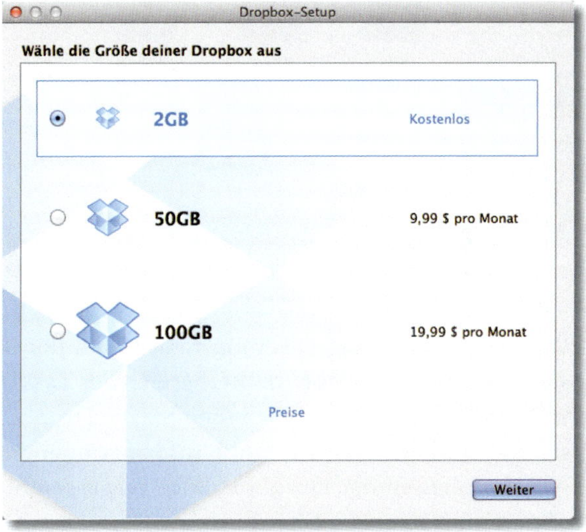

Wieviel Speicherplatz darf es sein?

Im weiteren Verlauf der Einrichtung erhalten Sie noch ein Tutorial über die Nutzung von Dropbox. Haben Sie alles abgeschlossen, sind mehrere Dinge auf Ihrem Rechner passiert. Als Erstes wurde ein neuer Ordner mit dem Namen *Dropbox* in Ihrem Benutzerordner hinzugefügt. Dieser Ordner wird für den Austausch der Dateien zwischen den verschiedenen Geräten verwendet. Alles, was Sie in diesen Ordner bewegen bzw. kopieren, wird automatisch auch auf die anderen Geräte übertragen.

Der Ordner „Dropbox“ wird für den Datenaustausch verwendet.

Als Zweites haben Sie bei OS X ein neues Menulet bzw. bei Windows eine neues Menüicon im Infobereich der Taskleiste bekommen. Mithilfe dieser Befehle können Sie die Dropbox-Funktionen steuern und erhalten wertvolle Informationen über den freien Speicherplatz in der Dropbox. Bitte vergessen Sie nicht, dass der Speicherplatz in der Cloud auf dem Server von Dropbox gemeint ist und nicht der Speicherplatz auf Ihrer Festplatte.

Das Dropbox-Menulet von OS X enthält Funktionen zur Verwaltung der Dropbox.

Auch Windows hält ein Menü für die Dropbox-Funktionen bereit.

Als letzte Komponente wurde das Kontextmenü des Betriebssystems erweitert. Mit dem Kontextmenü können Sie nun direkt Dateien oder Ordner in den Dropbox-Ordner und damit in die Cloud verschieben.

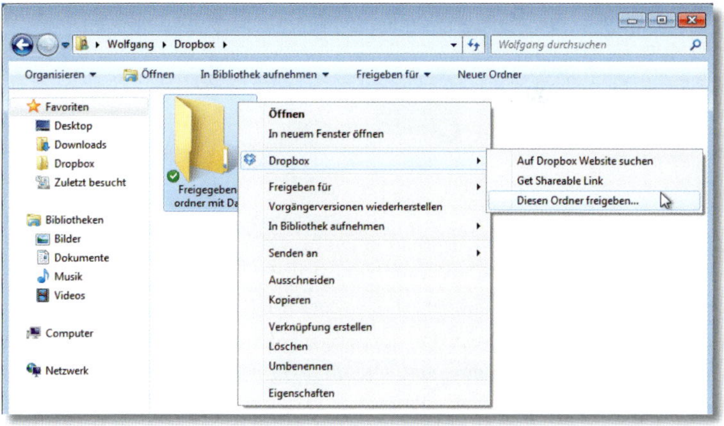

Über das Kontextmenü hat man Zugriff auf einige Dropbox-Funktionen.

Dropbox im Einsatz

Die Dropbox kann auf unterschiedliche Arten genutzt werden. Sie können die Dropbox direkt vom Rechner aus steuern oder online mit einem Internetbrowser und sogar mit den mobilen Geräten wie dem iPad. Egal, welchen Weg Sie gehen, alle Plattformen bieten die gleichen Funktionen.

Dateien in die Dropbox-Cloud übertragen

Um Dateien oder Ordner in die Dropbox zu legen und damit in die Cloud zu übertragen, müssen Sie nur die gewünschten Dateien bzw. Ordner in den Dropbox-Ordner auf Ihrem Rechner kopieren oder verschieben. Die Dateien werden sofort per Internet in die Dropbox-Cloud übertragen, damit sie auf den anderen Geräten wie dem iPad verfügbar werden. Eine wirklich einfache Handhabung.

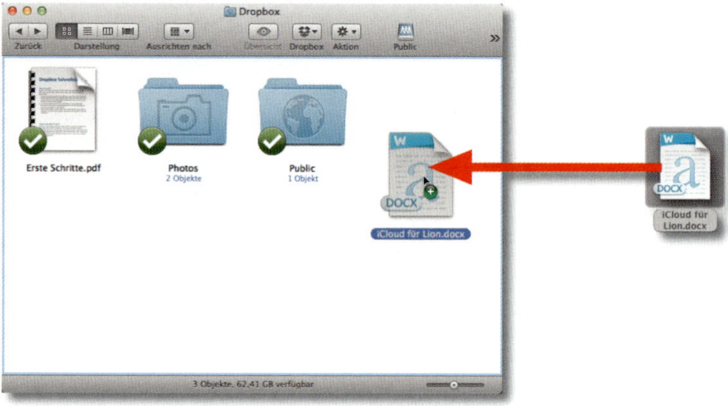

Dateien für die Übertragung werden einfach in den Dropbox-Ordner verschoben.

- **Während der Übertragung der Dateien wird ein blaues Icon mit Pfeilen angezeigt, als Kennzeichen dafür, dass die Übertragung noch läuft. Ist die Übertragung abgeschlossen, wechselt das Icon zu einem weißen Häcken auf grünem Hintergrund. Damit werden Dateien gekennzeichnet, die übertragen und in der Cloud verfügbar sind.**

Am Icon kann man bereits erkennen, ob die Übertragung noch läuft (links) oder abgeschlossen ist (rechts).

Die hochgeladenen Dateien sind auch sofort für die mobilen Geräte verfügbar. Auf diese Weise kann man sehr schnell und einfach Dateien mit dem iPad oder iPhone austauschen. Mit der App *Dropbox* können die Dateien, die in der Dropbox-Cloud gesichert sind, angezeigt werden.

- **Die App kann die Inhalte der unterschiedlichsten Dateien anzeigen, dazu zählen Bilder, PDFs, Word-, Excel- und PowerPoint-Dateien und sogar die Dateien von Apples iWork, also Keynote, Pages und Numbers. Eine wirklich vielseitige App. Auf diese Weise können Sie wichtige Dokumente immer bei sich tragen.**

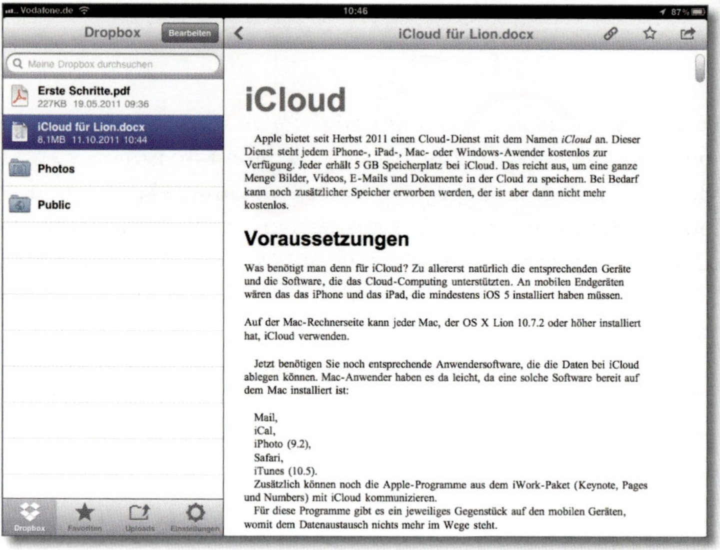

Die Dropbox-App auf dem iPad zeigt auch die Inhalte von Dateien an.

Dateien aus der Dropbox-Cloud entfernen

Das Entfernen von Dateien aus der Dropbox ist genauso einfach wie die Übertragung. Nehmen Sie die Dateien oder Ordner einfach wieder aus dem Dropbox-Ordner heraus oder werfen Sie sie in den Papierkorb. Dadurch werden die Dateien und Ordner aus der Cloud und damit auch auf den mobilen Geräten entfernt.

Dropbox und iPad/iPhone/iPod touch

Ein großer Pluspunkt von Dropbox ist der Einsatz auf den mobilen Apple-Geräten. Die Funktion bekommt besonders große Bedeutung dadurch, dass man mit Ihrer Hilfe E-Mail-Anhänge oder Downloads von Safari abspeichern bzw. in die Dropbox-Cloud übertragen kann und diese somit auch auf dem stationären Rechner sofort zur Verfügung hat. Denn normalerweise ist es nicht möglich auf dem iPad, iPhone oder iPod touch irgendwelche Dateien abzuspeichern. Denken Sie doch an den Download von Dateien, den man in Safari durchführt. Anstatt im Nirwana zu landen, können Sie die Downloads mithilfe von Dropbox in der Cloud speichern und haben Sie somit jederzeit zur Verfügung.

E-Mail-Anhänge speichern

Wenn Sie auf dem iPad, iPhone oder iPod touch eine E-Mail mit einem Anhang empfangen, dann lässt sich dieser sehr leicht in die Dropbox-Cloud übernehmen. Den E-Mail-Anhang findet man immer am unteren Ende der E-Mail. Zuerst muss dieser komplett geladen werden, indem Sie einfach darauf tippen. Danach ist die Umrandung des Anhangs durchgehend.

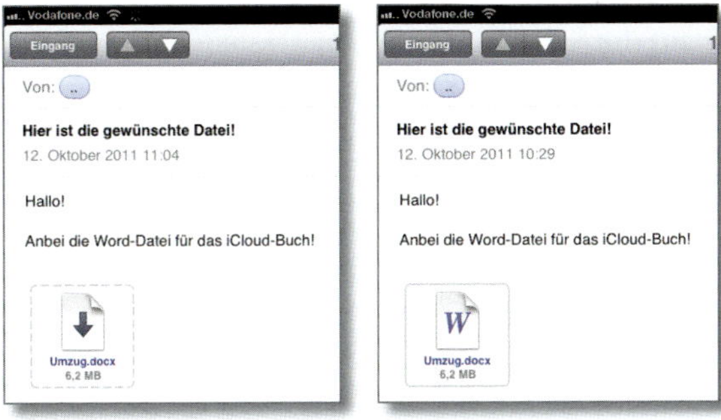

Zuerst muss der E-Mail-Anhang (links) komplett geladen werden (rechts).

Im nächsten Arbeitsschritt tippen Sie mit dem Finger etwas länger auf den Anhang, damit sich das Kontextmenü öffnet. Dort können Sie dann mit der Funktion *In „Dropbox“ öffnen* bzw. *Öffnen mit –> Dropbox* den Dateianhang zu Dropbox übernehmen, die im Anschluss daran sofort geöffnet wird. Je nachdem, ob Sie eine App installiert haben, die den Dateityp des Anhangs öffnen kann, erhalten Sie ein anderes Kontextmenü.

Mithilfe des Kontextmenüs kann der Anhang zur Dropbox übertragen werden.

In der Dropbox-App wird sofort die *Upload*-Funktion geöffnet. Dort können Sie nun bei Bedarf einen neuen Ordner anlegen, wenn Sie auf die Schaltfläche *Ordner erstellen* tippen. Sie müssen dann nur noch einen Namen für den neuen Ordner bestimmen und bestätigen.

Vor dem Upload kann ein neuer Ordner angelegt werden.

Falls Sie einen neuen Ordner für den Upload erstellt haben oder einen bereits vorhandenen Ordner verwenden wollen, müssen Sie ihn nun auswählen und anschließend auf die Schaltfläche *Hochladen* tippen. Der Upload wird unmittelbar danach gestartet.

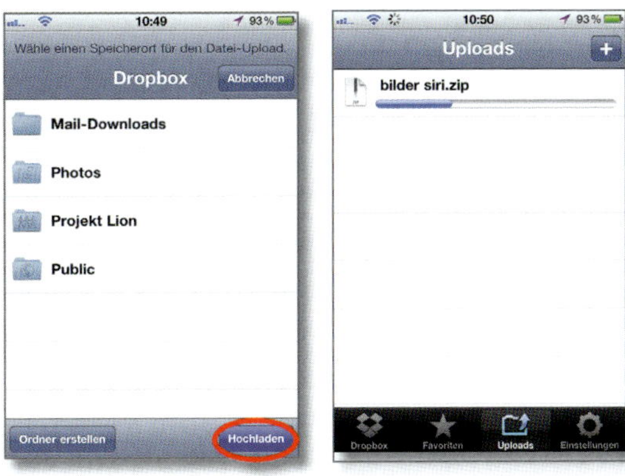

Nach der Auswahl des Zielorts (links), kann der Upload beginnen (rechts).

Das war's! Der E-Mail-Anhang ist nun in der Dropbox-Cloud gespeichert und damit auch auf allen anderen Geräten verfügbar.

Safari-Download

Auch die Downloads, die man mit Safari durchführt, können mithilfe von Dropbox in der Cloud gesichert werden. Die Vorgehensweise dabei ist sehr einfach. Zuerst müssen Sie in Safari auf den Download-Link tippen bzw. die Adresse in der Adresszeile eingeben.

- **Je nach Dateiart, die heruntergeladen werden soll, erhalten Sie entweder eine Vorschau der Datei (z. B. Word, Excel, PowerPoint, PDF, Bilder, RTF, TXT, Pages, Numbers, Keynote) oder nur ein Fenster mit dem Dateinamen und einer Schaltfläche zum Öffnen in Dropbox. Die zweite Möglichkeit bekommen Sie beim Download von ZIP-Dateien.**

Im ersten Fall, wenn die Vorschau der Datei angezeigt wird, müssen Sie noch einen kurzen Fingertipp auf den Bildschirm machen, um im oberen Bereich von Safari eine Optionsleiste zu öffnen. Dort finden Sie dann die Funktion *Öffnen in –> Dropbox* bzw. *In „Dropbox" öffnen*.

Die Übernahme einer Excel-Datei von Safari zu Dropbox.

Bei Dateien, die nicht als Vorschau in Safari dargestellt werden, ist es einfacher. Solche Dateien werden in Safari nur mit einem Icon und dem Dateinamen sowie einer Schaltfläche angezeigt. Sie müssen also nur auf die Schaltfläche *In „Dropbox" öffnen* klicken, um die Datei zu transportieren.

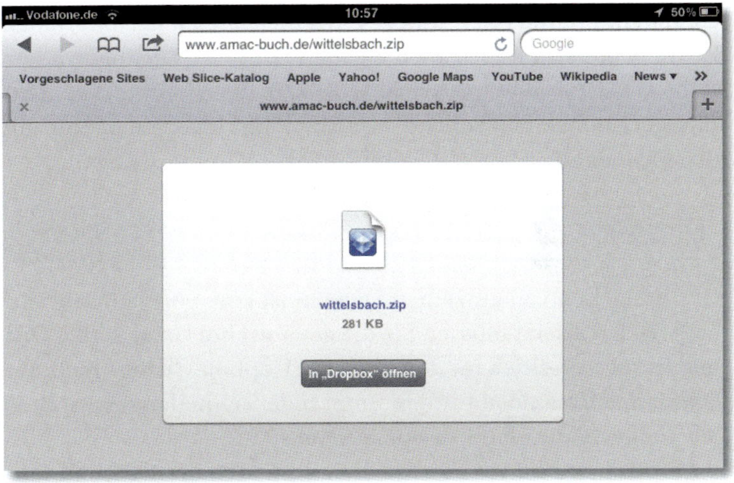

Eine ZIP-Datei soll von Safari zu Dropbox transportiert werden.

In den nächsten Arbeitsschritten müssen Sie in der Dropbox-App die Datei noch hochladen. Die Vorgehensweise ist die gleiche wie beim Hochladen eines E-Mail-Anhangs (siehe vorherigen Abschnitt).

Dateien und Ordner freigeben

Ein großer Vorteil der Dropbox ist das Teilen von Dateien und Ordnern mit anderen Personen. Dabei macht Dropbox aber einen Unterschied zwischen einzelnen Dateien und ganzen Ordnern. Damit ein Freund oder Kollege einzelne Dateien herunterladen kann, benötigt dieser keinen eigenen Dropbox-Zugang. Anders sieht es bei ganzen Ordnern aus, die z. B. für ein Projekt gemeinsam genutzt werden sollen. Dafür benötigt jede Person, die auf den Ordner zugreifen will, einen eigenen Dropbox-Zugang.

Einzelne Dateien freigeben

Das Freigeben von einzelnen Dateien ist eine wirklich sehr einfach Sache. Zuerst müssen Sie die gewünschte Datei in den Ordner *Public* verschieben, der sich im Dropbox-Ordner befindet. Damit der Download für den Empfänger schneller geht, sollten Sie vielleicht die Datei komprimieren.

Als Nächstes müssen Sie noch den Link zu der Datei im Public-Ordner kopieren und per E-Mail verschicken. Den Link zur Datei erhalten Sie, wenn Sie die Datei auswählen und mit der rechten Maustaste anklicken, um das Kontextmenü zu öffnen. Dort finden Sie unter dem Eintrag *Dropbox* die Funktion *Öffentl. Link kopieren*.

Der Link zur freigegebenen Datei kann über das Kontextmenü kopiert werden.

Jetzt müssen Sie noch eine neue E-Mail erstellen und dort den kopierten Link einfügen. Der Empfänger der E-Mail braucht dann nur auf den Link zu klicken, um den Download der Datei zu starten.

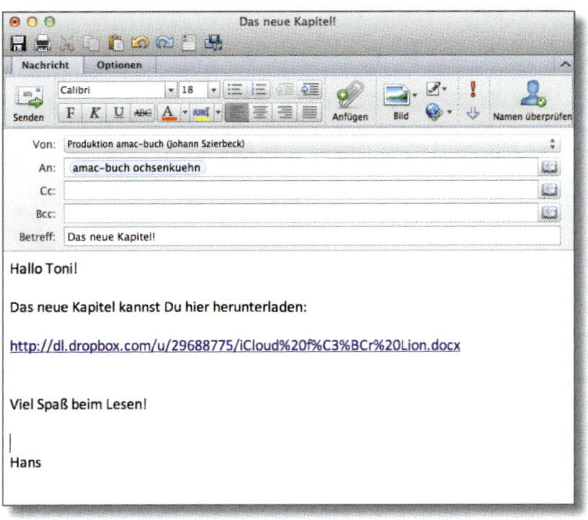

Der kopierte Link wird in eine neue E-Mail eingefügt …

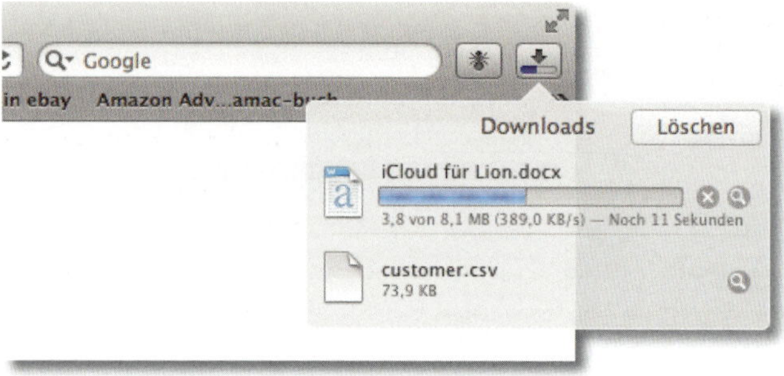

… und der Empfänger kann dadurch die freigegebene Datei herunterladen.

- **Um die Freigabe der Datei zu beenden, müssen Sie sie nur wieder aus dem Public-Ordner herausbewegen oder ganz einfach löschen. Wenn die Datei nicht mehr im Public-Ordner liegt, dann stimmt auch der Download-Link nicht mehr und die Datei kann nicht mehr heruntergeladen werden.**

Auf dem iPhone bzw. iPad geht es etwas einfacher. Sie wählen die Datei aus, und tippen auf das Freigabe-Symbol und wählen dann *Link verschicken* aus. Damit wird automatisch ein E-Mail erstellt, die die Verknüpfung zur Datei enthält.

Auf dem iPad oder iPhone können einzelne Dateien freigegeben werden.

Ordner freigeben

Die Freigabe eines Ordners ist fast genauso einfach wie bei einer einzelnen Datei. Zuerst müssen Sie im Dropbox-Ordner einen neuen Ordner erstellen bzw. den Ordner auswählen, der freigegeben werden soll. Im nächsten Arbeitsschritt öffnen Sie das Kontextmenü für den Ordner mit einem Rechtsklick. Dort wählen Sie die Funktion *Dropbox –> Diesen Ordner freigeben* aus.

Über das Kontextmenü kann ein Ordner freigegeben werden.

Daraufhin wird der Internetbrowser gestartet und die Online-Verwaltung von Dropbox geöffnet. Dort öffnet sich dann automatisch ein Fenster, in dem Sie im oberen Bereich die E-Mail-Adressen der Personen angeben, die auf den Ordner zugreifen dürfen. Diese erhalten dann eine Benachrichtigung, dass der Ordner nun für sie freigegeben ist. Beachten Sie bei der Angabe der E-Mail-Adressen, dass es Adressen sind, mit denen sich Ihre Freunde oder Kollegen bei Dropbox angemeldet haben. Im unteren Bereich können Sie den anderen Personen noch eine Nachricht zukommen lassen, die auch in der versendeten E-Mail auftaucht.

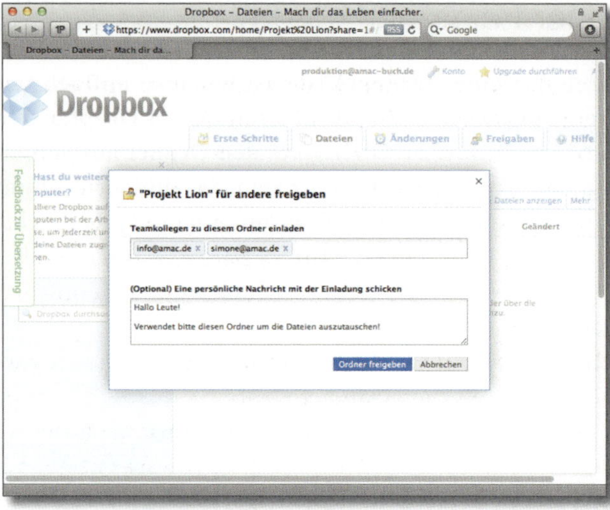

Für die Freigabe müssen E-Mail-Adressen verwendet werden, die bei Dropbox ein Konto haben.

So sieht die E-Mail aus, die der Empfänger eines freigegebenen Ordners erhält.

Nach der Freigabe des Ordners kann nun jeder eingeladene Benutzer Dateien in den Ordner legen oder auch daraus entfernen.

- **Ganze Ordner können nur auf dem Rechner freigegeben werden. Auf dem iPad oder iPhone ist das nicht möglich.**

Ordner-Freigabe aufheben

Die Freigabe eines Ordners kann auch wieder aufgehoben werden. Dazu müssen Sie aber das Online-Portal von Dropbox verwenden. Das geht am schnellsten, wenn Sie das Dropbox-Menü in der oberen Menüleiste (Mac) bzw. in der Infoleiste (Windows) öffnen und dort die Funktion *Dropbox-Website öffnen* auswählen. Damit gelangen Sie direkt zu Ihrem Bereich bei Dropbox, ohne eine lästige Eingabe des Benutzernamens und Kennworts vornehmen zu müssen.

Im Internetportal werden die Ordner und Dateien genauso aufgelistet, wie Sie im Dropbox-Ordner auf Ihrem Rechner gesichert sind. Wenn Sie nun auf den freigegebenen Ordner zeigen, wird rechts daneben ein kleiner Pfeil für die Funktionen eingeblendet. Wenn Sie diesen anklicken, öffnet sich ein Kontextmenü, in dem Sie die Funktion *Freigabeoptionen* finden.

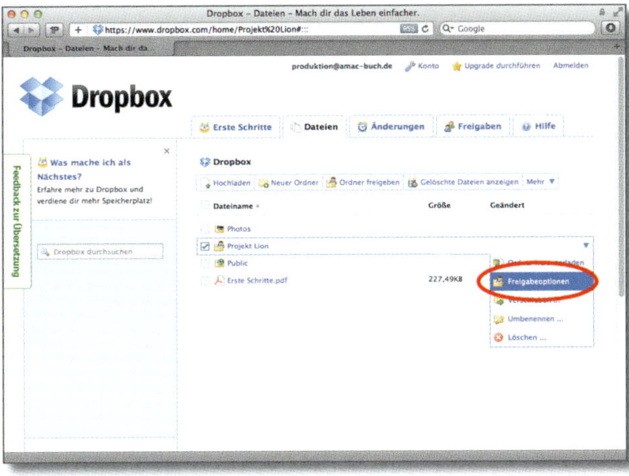

In den „Freigabeoptionen" kann die Freigabe des Ordners bearbeitet werden.

Wenn Sie darauf klicken, öffnet sich ein weiteres Fenster, in dem Sie nun entweder neue Personen zur Freigabe hinzufügen oder die Freigabe komplett ausschalten können. Dazu klicken Sie auf *Mitglieder* im oberen Bereich des Fensters. In diesem Bereich können Sie die Freigabe von einzelnen Personen aufheben oder mit einem Mausklick auf *Ordner-Freigabe aufheben* die Freigabe komplett deaktivieren.

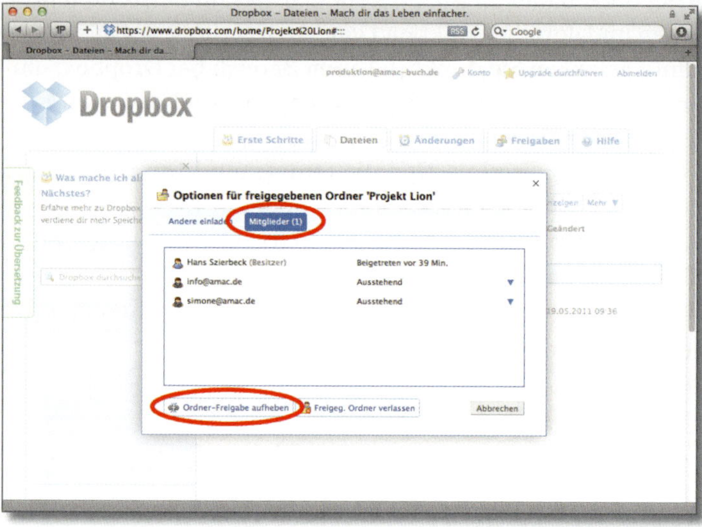

Die Freigabe kann für einzelne Personen oder komplett aufgehoben werden.

Fazit

Dropbox ist eine hervorragende Ergänzung zu iCloud, besonders wenn Sie viele Dateien mit anderen Geräten oder Personen austauschen wollen. Die einfache Handhabung und die Integration in das jeweilige Betriebssystem machen Dropbox zu einem sehr guten MobileMe-Ersatz für den Datenaustausch. Die Verfügbarkeit auf den mobilen Geräten wie iPhone oder iPad ist ein weiterer Pluspunkt für Dropbox. Besonders das Hochladen von E-Mail-Anhängen und Safari-Downloads macht Dropbox zu einem wertvollen Begleiter.

Für die meisten Anwender dürfte das kostenlose Konto mit zwei GByte ausreichen. Selbst wenn man mehr Speicher benötigt, sind 9,99 $ pro Monat oder 99,00 $ pro Jahr keine große Investition.

Der Umzug von MobileMe zu iCloud

So wird's gemacht

Der bisher kostenpflichtige MobileMe-Dienst von Apple wird am 30. Juni 2012 eingestellt. Das bedeutet, dass die bisherigen MobileMe-Nutzer mit ihren Daten zu iCloud umziehen müssen. iCloud ist zwar kostenlos, hat aber nicht den Funktionsumfang von MobileMe, z. B. gibt es die Galerie und die iDisk nicht mehr. Das bedeutet für die bisherigen Anwender von MobileMe, dass beim Umzug etwas verloren geht. Sie sollten also vor dem Umzug die Bilder in der Galerie bzw. die Dateien, die bei iDisk liegen, lokal sichern. Alternativ dazu könnten Sie auch mit Dropbox arbeiten (siehe Kapitel „Dropbox).

Damit der Umzug ohne viel Aufwand vonstattengeht, hat Apple eigens eine Internetseite eingerichtet, die den Umzug für Sie vornimmt. Unter der Adresse *www.me.com/move/de* können Sie mit einer Schritt-für-Schritt-Anleitung die Daten von MobileMe zu iCloud übertragen. Die Internetseite erreichen Sie automatisch, wenn Sie auf *www.icloud.com* oder auf dem iPhone, iPad bzw. iPhone touch bei *Einstellungen -> iCloud* Ihre Apple-ID von MobileMe eingeben.

- **Haben Sie ein MobileMe-Familienpaket, so kann jeder Anwender einzeln zur iCloud umziehen. Dies ist für jeden bis zum 30. Juni 2012 möglich. Mit iCloud gibt es kein Familienpaket mehr. Sofern Sie noch ein MobileMe-Familienpaket haben, können Sie neue Accounts weiterhin in MobileMe erstellen und diese dann sukzessive zur iCloud übernehmen.**

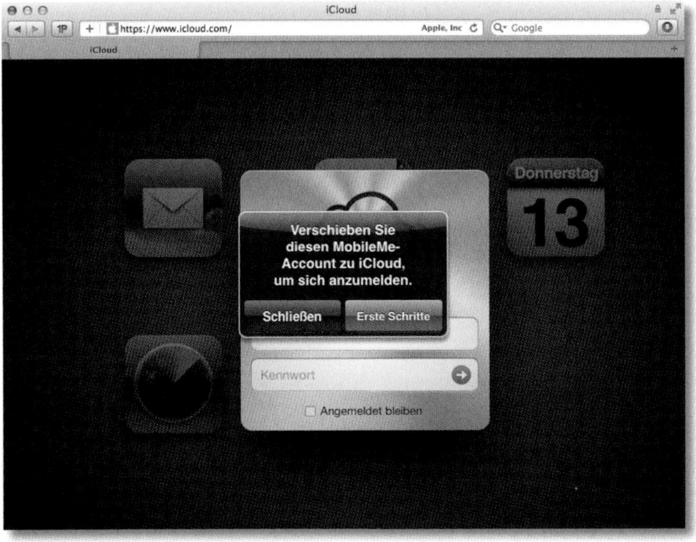

Von www.icloud.com aus gelangen Sie auf eine spezielle Internetseite von Apple, wo Sie den Umzug vornehmen können.

Zuerst müssen Sie sich mit Ihrem MobileMe-Account einloggen und danach müssen Sie nur den Anweisungen am Monitor folgen. Zwischendurch erhalten Sie auch einige Meldungen über die möglichen Probleme bzw. nicht mehr verfügbaren Dienste, die mit dem Umzug einhergehen.

Zwar werden von iCloud die Galerie und die iDisk nicht unterstützt, aber Apple lässt die beiden Dienste bis zum 30. Juni 2012 online. Somit haben Sie genügend Zeit, Ihre Daten von MobileMe abzuziehen und unter Umständen auf die Dropbox zu übertragen.

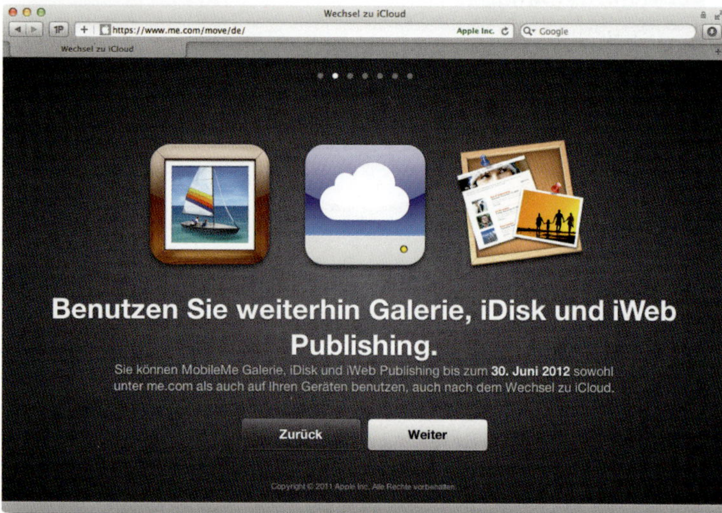

Einige MobileMe-Dienste bleiben noch eine Weile verfügbar.

Auch Funktionen wie das Synchronisieren von Schlüsselbunden, Widgets oder intelligenten Postfächern zwischen mehreren genutzten Rechnern werden mit dem Abschalten von MobileMe nicht mehr unterstützt. Zurzeit (Stand: Oktober 2011) gibt es auch keine Alternative dazu. Die Synchronisation geht also endgültig verloren. Vielleicht wird sie in ferner Zukunft wieder ein Bestandteil von iCloud. Wer weiß?

Folgende Dinge stehen Ihnen bei iCloud nicht mehr zur Verfügung:

- Galerie,
- iDisk
- Synchronisation von Regeln, Signaturen, intelligente Postfächer,
- Dockobjekte,
- Dashboard-Wigdets,
- Schlüsselbunde,
- Einstellungen.

Damit iCloud auf allen Ihren Geräten reibungslos funktioniert, werden Sie noch darauf hingewiesen, die einzelnen Geräte auf den aktuellsten Stand zu bringen. Die mobilen Geräte benötigen iOS 5, die Macs mindestens OS X Lion 10.7.2 und die Windows-Rechner brauchen mindestens Vista und Outlook 2007. Für Windows muss noch zusätzlich eine Systemsteuerung installiert sein, die Sie direkt von der Seite herunterladen können. Erst wenn Sie bestätigen, dass alle Geräte aktualisiert sind, können Sie auf *Weiter* klicken.

Auf den folgenden Seiten werden Sie darauf hingewiesen, dass Sie Ihre Daten vor dem Umzug noch sichern sollten, und müssen noch die Nutzungsbedingungen bestätigen, bevor der Umzug losgehen kann.

Wenn Sie alle Seiten durchgeklickt haben, werden nun endlich die Daten von MobileMe zu iCloud transportiert. Sie können den Transport mitverfolgen oder das Browserfenster schließen. Der Umzug wird trotzdem durchgeführt.

Ist der Umzug beendet, erhalten Sie noch einen Hinweis darauf, dass Sie nun iCloud auf Ihren Geräten einstellen bzw. verwenden können. Wenn Sie die Einstellung auf den Geräten bestätigen, erhalten Sie als Letztes die Meldung über den erfolgreichen Umzug von MobileMe zu iCloud.

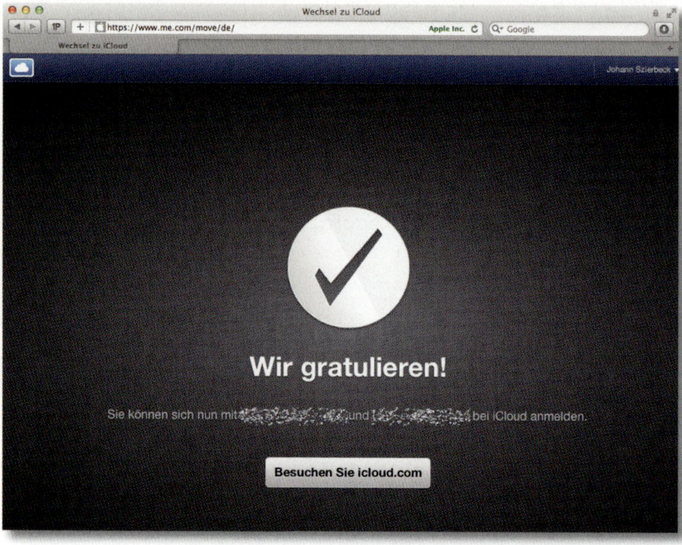

Der Umzug ist abgeschlossen.

Nachdem Sie den Umzug beendet haben, stehen Ihnen unter *www.icloud.com* die Kalender, Kontakte und E-Mail-Accounts zur Verfügung, die Sie zuvor bei MobileMe hatten.

Kosten

Bisher musste man bei MobileMe einen Betrag von 79 Euro pro Jahr entrichten. Was ist aber mit der bereits bezahlten Gebühr, nachdem man auf iCloud umgezogen ist?

Grundsätzlich wird Ihnen der bereits bezahlte Betrag auf das iCloud-Konto angerechnet. Das drückt sich dadurch aus, dass nach dem Umzug der iCloud-Account mehr als fünf GByte umfasst. Sie erhalten also bei iCloud noch zusätzlichen Speicherplatz, der normalerweise bezahlt werden müsste. Dieser zusätzliche Speicherplatz steht Ihnen bis zum 30. Juni 2012 zur Verfügung. Danach wird der iCloud-Account automatisch auf fünf GByte begrenzt.

Falls Sie den größeren Speicherplatz auch nach dem Abschalten von MobileMe am 30. Juni 2012 nutzen wollen, dann müssen Sie in den iCloud-Einstellungen Ihre Speichereinstellungen ändern. Die Änderung können Sie auf jedem Gerät durchführen, das iCloud nutzt. Auf dem iPhone müssen Sie zu *Einstellungen –> iCloud* navigieren. Dort tippen Sie auf *Account.* Anschließend tippen Sie im Bereich *Speicherplan* auf den angezeigten Speicher.

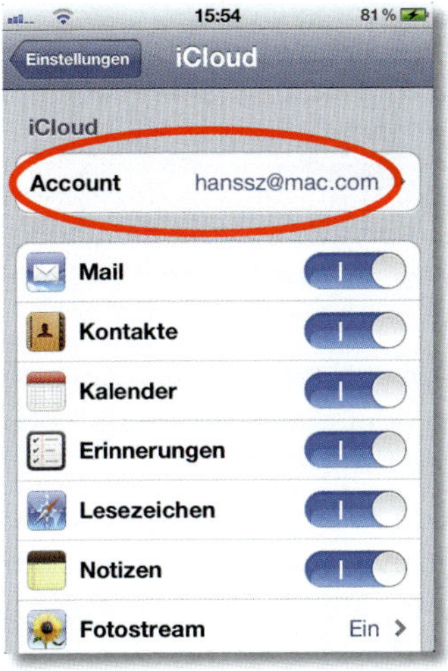

In den „Einstellungen" bei „iCloud" kann der Speicher geändert werden.

Im nächsten Screen werden Ihnen die Upgrade-Möglichkeiten angezeigt. Sie können nun entweder einen größeren Speicher auswählen oder Sie tippen auf *Downgrade-Optionen,* um weniger dafür aber billigeren Speicher zu wählen. Dort sind standardmäßig die kostenlosen fünf GByte eingestellt, die nach dem 30. Juni 2012 zum Einsatz kommen, falls Sie nicht eine anderes Abo wählen.

Der Speicherplatz kann auch verringert werden.

Auf diese Weise können Sie bestimmen, ob Sie nach dem 30. Juni 2012 mit dem kostenlosen oder einem kostenpflichtigen Account von iCloud weiterarbeiten wollen.

- **Bedenken Sie beim Up- oder Downgraden, dass bei iCloud Bilder von Fotostream, gekaufte Musik, Bücher, Apps und TV-Sendungen nicht auf den Speicherplatz angerechnet werden. Nur Mails, Dokumente und Backups verbrauchen Platz vom iCloud-Speicher.**

Meine Freunde suchen

Meine Freunde suchen

Neben einem iPhone, iPad oder Mac, können Sie mit einem iCloud-Account auch Personen ausfindig machen. Mit der Freischaltung von iCloud hat Apple zeitgleich eine neue App mit dem Namen „Meine Freunde suchen" veröffentlicht. Diese App für das iPhone, iPad und den iPod touch ermöglicht es, Freunde und Bekannte, die ebenfalls ein mobiles Apple-Gerät besitzen, auf einer Karte ausfindig zu machen.

Vielleicht haben Sie jetzt die Befürchtung, dass Sie damit überwacht werden könnten. Keine Angst, Ihre Position kann nur von Freunden und Bekannten ermittelt werden, wenn Sie explizit die Erlaubnis dafür geben. Ohne Ihr Wissen können Ihre Freunde also Ihre Position nicht orten.

Ideal ist die App natürlich für Eltern, die gerne wissen wollen, wo sich ihre Kinder gerade befinden. Es gibt nur drei Voraussetzungen für den Einsatz der App: Sie benötigen ein mobiles Apple-Gerät (iPhone, iPad oder iPod touch), einen kostenlosen iCloud-Account und die mobilen Geräte müssen mit iOS 5 arbeiten.

Wenn diese Voraussetzungen erfüllt sind, können Sie sich die App aus dem App Store kostenlos herunterladen und installieren.

Beim ersten Start der App müssen Sie die Apple-ID Ihres iCloud-Accounts mit dem dazugehörigen Kennwort eingeben. Erst danach haben Sie Zugriff auf die Funktionalität der App.

Für die App wird die Apple-ID des iCloud-Accounts benötigt.

Nach der Anmeldung werden Sie gefragt, ob die App Ihnen Push-Nachrichten zusenden und den aktuellen Ort ermitteln darf. Die beiden Anfragen sollten Sie unbedingt bestätigen, da Ihnen die App ansonsten keine Anfragen von Freunden schicken und den eigenen Standort nicht ermitteln kann.

Die Push-Nachrichten (links) und die Ortungsdienste (rechts) müssen für die Funktionen der App eingeschaltet sein.

Eigener Standort

Die erste Funktion, die Sie in der App durchführen können, ist die Ermittlung des eigenen Standorts. Dazu müssen Sie nur auf *Ich* in der unteren Leiste tippen. Auf dem iPad erhalten Sie sofort eine Karte von Google-Maps mit einer Markierung des eigenen Standorts. Auf dem iPhone bzw. iPod touch müssen Sie noch zusätzlich auf die Adresse im Bereich *Standort* tippen, um eine Karte zu erhalten.

Auf dem iPhone muss man erst auf die angezeigte Adresse klicken (links), um den eigenen Standort auf der Karte anzuzeigen (rechts) …

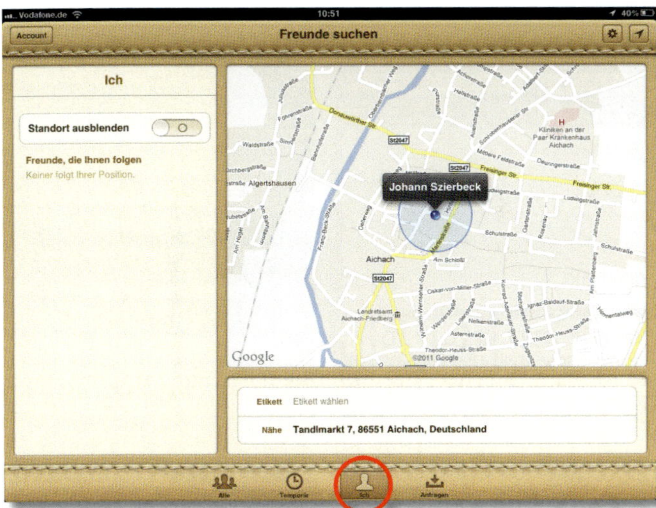

… während auf dem iPad die Karte sofort sichtbar ist.

Freunde finden

Um den Standort eines Freundes bzw. Bekannten zu ermitteln, müssen Sie zuerst die Erlaubnis dafür einholen. Sie müssen Ihren Gegenüber also erst fragen, ob Sie seinen Standort ermitteln dürfen. Die Anfrage stellen Sie, indem Sie auf *Anfragen* in der unteren Symbolleiste tippen. Dort finden Sie die Funktion *Einladen*. Wenn Sie darauf tippen, öffnet sich ein Eingabefenster, in das Sie die Apple-ID bzw. den Adressbuchkontakt des Freundes bzw. Bekannten eintippen müssen, dessen Position Sie wissen wollen. Zusätzlich können Sie dem Gegenüber noch eine Nachricht zukommen lassen.

- **Der Gegenüber muss unbedingt über einen iCloud-Zugang mit entsprechender Apple-ID verfügen. Denn nur Anwender mit einem iCloud-Account können den Standort gegenseitig ermitteln.**

Eine Anfrage wurde gestartet.

Die Anfrage zur Positionsermittlung wird bei Ihrem Gegenüber sofort in der App angezeigt. Dieser kann dann die Anfrage *Akzeptieren* – und damit seine aktuelle Position preisgeben – oder *Ablehnen*.

Die Anfrage erscheint sofort in der App des Freundes.

Wenn die Anfrage akzeptiert wurde, können Sie nun auf einer Karte die Position Ihres Freundes oder Bekannten mitverfolgen. Auf dem iPhone müssen Sie allerdings zusätzlich auf die Adresse tippen, um die Karte mit dem Standort zu erhalten. Die Position des Freundes wird durch eine pinkfarbene Stecknadel auf der Karte gekennzeichnet, während Ihre eigene Position mit einer blauen Stecknadel angezeigt wird.

Der Standort des Freundes wird durch eine pinkfarbene Stecknadel angezeigt.

Die ganze Sache funktioniert natürlich auch umgekehrt, wenn ein Freund Sie um eine Standortfreigabe bittet.

- **Bedenken Sie bitte, dass Ihr Standort permanent angezeigt wird. Sie können Ihren Standort auch temporär ausblenden. Dazu müssen Sie in den Bereich Ich in der unteren Symbolleiste tippen und dort die Funktion Standort ausblenden aktivieren. Damit sind Sie für Ihre Freunde unsichtbar.**

Der eigene Standort kann vorübergehend ausgeblendet werden, was durch ein durchgestrichenes Augensymbol in der Symbolleiste gekennzeichnet wird.

Temporäre Einladungen

Die App bietet auch eine Möglichkeit, den eigenen Standort bzw. den von Freunden nur bis zu einem bestimmten Zeitpunkt anzuzeigen. Denken Sie z. B. an einen Tagesskiausflug, wo dann jeder die Position der anderen auf der Piste sehen kann. Die Standortanzeige soll aber nur für diesen einen Tag gelten. Oder Sie möchten einige Leute zu einer Überraschungsparty einladen. Für solche Situationen bietet die App eine Funktion.

Tippen Sie in der unteren Symbolleiste auf die Funktion *Temporär*. Dort finden Sie die Schaltfläche *Einladen*. Wenn Sie darauf tippen, können Sie einen oder mehrere Freunde für eine zeitbegrenzte Ortsbestimmung einladen.

Mit der App kann auch eine zeitlich begrenzte Ortsbestimmung erfolgen.

Welche Freunde der Einladung gefolgt sind, können Sie jederzeit überprüfen, wenn Sie im Bereich *Temporär* einfach auf das temporäre Ereignis tippen. Dort sind alle eingeladenen Personen und deren Status aufgelistet.

Wer hat die Einladung angenommen?

Kindersicherung

Die App verfügt über eine Sicherung, mit deren Hilfe z. B. Eltern verhindern können, dass ihre Kinder den eigenen Standort ausblenden oder neue Freunde hinzufügen. Die Kindersicherung für die App finden Sie unter *Einstellungen –> Allgemein –> Einschränkungen*. Dort ist die App *Meine Freunde finden* aufgelistet.

- **Falls die Einschränkungen ausgeschaltet sind, müssen Sie diese zuerst mit einem Fingertipp auf Einschränkungen aktivieren einschalten. Sie werden aufgefordert, einen vierstelligen Code zur Aktivierung der Einschränkungen einzutippen. Mit diesem Code können Sie die Einschränkungen später wieder bearbeiten oder ausschalten. Sie sollten sich den Code also sehr gut merken.**

Wenn Sie nun auf die aufgelistete App tippen, erhalten Sie die Optionen zum Verhindern von Änderungen in der App. Dadurch wird die App für Änderungen gesperrt. Das Ausblenden des eigenen Standorts kann also nicht mehr aktiviert werden.

Die App kann vor unerlaubten Änderungen geschützt werden.

Index